★ 课本背后的故事 ★

神奇的
物理

冷晓红 编著

江西高校出版社
JIANGXI UNIVERSITIES AND COLLEGES PRESS

图书在版编目（CIP）数据

神奇的物理 / 冷晓红编著 . — 南昌 : 江西高校出版社，
2017.4（2020.6 重印）

（课本背后的故事）

ISBN 978-7-5493-4631-8

Ⅰ . ①神⋯　Ⅱ . ①冷⋯　Ⅲ . ①中学物理课—课外读物

Ⅳ . ① G634.73

中国版本图书馆 CIP 数据核字 (2016) 第 193961 号

出 版 发 行	江西高校出版社
社 　 址	江西省南昌市洪都北大道 96 号
总编室电话	（0791）88504319
销 售 电 话	（0791）88500223
网 　 址	www.juacp.com
印 　 刷	湖南锦泰数字印刷有限公司
经 　 销	全国新华书店
开 　 本	787mm×1092mm　1/16
印 　 张	13
字 　 数	157 千字
版 　 次	2017 年 4 月第 1 版 2020 年 6 月第 3 次印刷
书 　 号	ISBN 978-7-5493-4631-8
定 　 价	39.00 元

赣版权登字 -07-2016-572

目录

CONTENTS

第一章
声音的奥秘

主题引言

　　我们生活在一个充满声音的世界里。每天都有各种各样的声音伴随在我们身边，风声、雨声、雷声向我们传达着大自然的喜怒哀乐；笑声、哭声、说话声向我们传递着人类丰富的情感表达。声音的世界充满了奇妙，声音是人们情感交流的基础。

　　虽然我们生活在充满声音的世界里，能清楚地感知到声音中所包含的不同感情，但是，看不见摸不着的声音对我们来说，还是充满神秘色彩的。为什么在天坛公园的三音石上说话能清楚地听到自己的回声？为什么我们总是先看见闪电然后才听到雷声？为什么每个人说话的声音都不一样？

　　你想知道声音的这些奥秘吗？让我们通过对声音的体验和研究，一起来探索吧！

第一节
关于声音不能说的秘密

声音是什么？当我们说话的时候摸着喉咙，你能感觉到一阵非常微小的波动吗？是的，声音就是通过振动而产生的。它会沿着一切能够承载它的介质进行传播，包括固体、液体和空气。这种波动如果到达了能够接受它的载体的范围内，比如人类和动物的耳朵，或者声波感应器能感应到的地方，就会被转化为新的波动，然后我们就会产生听觉。所以声音的产生是一种很奇妙的波动现象。

现在我们先来了解一下声音的发生，声音的发生有很多种方式，这些方式归根到底都是振动带来的。但是因为产生振动的物体和方式不同，从而呈现出了一个精彩的声音世界。

你想了解声音跳跃的情况吗？很简单，找来一面大鼓，在鼓面上均匀地撒一层黄沙。敲击鼓面的时候，就会看到无数的细沙在鼓面上飞舞。这就是鼓面在振动的证据，也是鼓面产生声音的证据。

鼓可以让我们看见声音的波动，而鼓的好朋友锣则可以让我们碰触到声音的波动。找一面锣快速地敲击它，然后用手轻触锣的表面，你会感觉到锣的表面在振动。当锣的表面停止振动时，锣发出的声音也就消失了。

所以常见的弦乐器，如小提琴、二胡或胡琴，要让它们发声就要用力拉弓，通过弓与琴上的弦线发生摩擦，来带动弦线发出我们需要的振动频率。不使用弓的弦乐器，如三弦或扬琴等，人们会通过拨动或敲打琴弦，让弦线发生振动，从而产生声音。如果你在那些弦线上粘上一张小纸条，你就会发现在弦线振动发声时，那张小纸条也随之进行摆动，小纸条停止摆动的时候，弦乐器本身的声音也就停止了。

那么口琴或脚踏风琴呢？它们又是通过什么方式发出声音的？口琴和脚踏风琴的内部有很多簧片，如果将气流通过嘴或者风箱送入其中，那么在气流的冲击下，这些簧片就会发生振动，发出声音。

同样以气流冲击为主的竹笛、长笛、黑管、铜号的发声方式又有不同，这些管乐器内部没有簧片，但是气流会使管内的气柱发生振动，从而产生声音。

自然界中还有很多有趣的发音方式。夏天的时候到处都是蚊子"嗡嗡"的声音，难道这些蚊子吸血前还要唱个赞歌吗？当然不是的，如果可能，它们恨不得悄无声息地潜入。让它们被迫发出巨大噪音的是它们的翅膀。为了能够顺利地飞行，蚊子那轻盈的翅膀必须执行每秒500～600次的扇动。我们的直升机就是学习蚊子的这种技巧而实现垂直升降的，但是直升机的螺旋桨每秒也仅仅转大约25转而已。

发声器的世界非常美妙，介质的领域也充满了趣味。只有通过介质，声音才能得以传播。

1654年，奥托·冯·格里克（1602—1686）进行了一次著名的实验，这就是历史上有名的马德堡半球实验。这位德国著名的物理学家、工程师、自然哲学家兼马德堡市市长，在市民们的面前将一只钟放进了一个接有抽气机的玻璃罩内。在确保了这个玻璃罩的密闭性后，奥托·冯·格里克用抽气机抽出玻璃罩内的空气。随着空气逐渐被抽出，市民们发现钟摆的"嘀嗒"声在逐渐减弱，最后几乎听不到了。人们可以看到，钟摆的指针依然在正常行走，但是声音却消失了。

奥托·冯·格里克接着又将空气重新注入玻璃罩内，慢慢地，那响亮的"嘀嗒"声又逐渐回来了，市民们都发出了惊叹声。

这个实验告诉我们，在没有任何物质的真空里，声音是无法进行传播的。这种传播声音的物质，我们也将之称为传声媒质，比如空气就是常见的传声媒质。声源在发生了振动之后，这个振动就会推动它附近的空气发生振动，空气又推动空气，声音就越传越远。

振动的传播叫作"波"，声振动的传播就叫作"声波"。所以无论是空中滚滚的雷声，还是远处火车的鸣笛声，乃至于山谷里"哗哗"的松涛声，课堂上老师的讲课声，这些都是通过空气这个传声媒质，最终传到我们的耳朵里来的。

这里说一个有趣的小知识，月球上是没有空气的，所以声波在月球上没有办法传递。假设你和你的朋友站在月球上，即使你们的距离只有一个巴掌远，你说出的话他也没有办法听到。

除了空气之外，传播声音的媒质还有很多。比如我们伏在铁轨上，能听到远处火车开来的声音，这是因为声音可以通过固体传播。而且声音通过固体传播的速度比通过气体传播的速度要快。所以很多汽车司机想确定发动机是否正常运转时，都有一个诀窍：发动汽车以后，他们会将一根金属棒的一端放在自己耳朵边，另一端则放在发动机上去接触不同的部位。这个时候就能听到接触部件的内部运转声，通过这个声音来判断发动机运转是否正常。这样做其实就是利用了固体良好的传声特性。

另外，我们生活中常见的水，也是一种非常好的传声媒质。

很多人都有过钓鱼的经历，却很少有人能钓上来鱼，这是为什么呢？因为刚开始钓鱼的人心情都难以保持平静，手拿鱼竿或兴奋或紧张，或干脆说笑，这样岸边的声

钓鱼

音就传播到了水里，鱼儿通过水就会听到响动，自然就都逃走了。

很多老渔民都有个独门诀窍，就是通过把耳朵贴在船底上，来听水里面鱼儿发出的声音，好判定捕捞位置。比如大黄鱼会发出"咕咕"声，听到这个声音，渔民就能够准确地做出应对。有时候，我们还会看到成群结队捕捞的渔民，故意用木棍去敲打船板。这其实是为了让船体发出声音，再由水传播开，将鱼群按照目标驱赶到一个包围圈中，一网打尽。

学科直通车

想要知道人体如何发出声音，就不得不提喉腔。喉腔是一个空腔，这个空腔中部连着两块并列在一起的肌肉声带。这两块肌肉声带之间的互动就像橡皮筋一样，你对它施加的

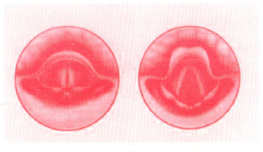

喉

力越大，反弹的时候发出的振动就越大，发出的声音也就越大。

两根肌肉声带的中间有一条很窄的裂缝，随着声带的松紧变化，这个裂缝会出现长短大小的变化，所以我们将这个裂缝称为声门裂。人在呼吸的时候，肌肉声带处于松弛状态，会互相分离，这个时候的声门裂是半开的，空气会从容地从这个较大的空隙中通过。所以我们呼吸的时候，发出的声音很轻。

如果你注意观察，就会发现我们发声的时候，是暂时停止呼吸的。所以，发声之前会先吸一口气。

　　人在发出声音的时候，本来松弛的声带肌肉顿时被拉紧了，声门裂也一下子变窄，只留一道窄缝。我们发声之前吸进去的那口气现在都积在了气管里，所以当你发声的时候，气管内的压力会迫使气流从声门裂中挤出去，这就像给气球放气一样，带动声带发出声音。使声带发生振动的正是空气的压力，喉腔里的空气也会随之一起动起来，于是就有了我们平时所说的声音。

　　一个人声音的高低、粗细通常是由他的喉腔内部决定的。很多青少年的声音都有个转变过程，从清脆的童音到成年后相对低沉的声音，如果在这个过程中不注意保护嗓子，就会让声带出现充血现象，将来成型后的声音听上去就会很嘶哑。所以如果想让自己以后有一副响亮的嗓音，在青少年时期就必须要注意保护嗓子。

知识小卡片

　　我国的著名哲学家墨子（前468—前376），2000多年前就在自己的《墨子》一书中提到了什么是土地传声：在地上挖一个深坑，埋下一个容量约为40斗的坛子。坛子大腹小口，口要露在地面外，这时候寻一个听觉灵敏的人，让此人伏在坛沿口上倾听，就能够听出敌人挖地道的方位。

墨子

第二节
听诊器的发明

1815 年是医疗史上具有历史意义的一年。这年深秋的罗浮宫公园里，一个表情肃穆的男子正在漫步。但他并不是来这里享受人生的，他在思考一件大事，一件人命关天的大事。

这名男子叫拉埃奈克，他满脑子都在想今天接诊的一位姑娘，这位姑娘实在是太胖了。

作为一名主治医生，拉埃奈克一直负责治疗胸腔部疾病患者，每次遇到肥胖的异性患者都会让他很纠结。对这样的患者来说，传统的手敲诊或触诊几乎没有意义，拉埃奈克又不可能把自己的耳朵贴在一个大姑娘的胸口上，这就给确诊病情带来了巨大的压力。

拉埃奈克一边走一边思考，不由自主地就走到了一群孩子面前。这些孩子正在玩跷跷板，他们分别站在跷跷板的两端，其中一端的孩子拿着铁钉刮跷跷板，而另一端的孩子则把耳朵贴在跷跷板上。

刮跷跷板的孩子大声问："听到了吗？"

另一边的孩子则大声回答："听到了！"

接着，刮跷跷板的孩子只做出示意动作，并没有真去刮，边做动作边大声问："听到了吗？"

另一边的孩子大声地回答："没有听到！"

拉埃奈克突然有了灵感，他恳求孩子们让他加入游戏，并且申请加入负责听的那一边。对面的孩子再次刮起了跷跷板，拉埃奈克很清晰地听到了从跷跷板那端传来的声音。拉埃奈克激动极了，他没想到木板会有这么好的传声效果，空气中听不到的声音，却能够通过木板

听诊器

传递到人的耳朵里。之前困扰他很久的问题一下子找到了解决的办法。

拉埃奈克立刻回医院找了根木棍，胖姑娘被他吓了一跳，以为他要攻击自己。拉埃奈克随即灵机一动换了个法子，他找来一个纸卷，一头放在姑娘的胸前，一头紧贴自己的耳朵。这次姑娘欣然接受了，他终于听到了清晰的声音，这声音比直接把耳朵贴在胸前听到的更响亮。

拉埃奈克当时可没有想到，这个小纸卷就是后来世界上每个医生都会配备的听诊器的前身。兴奋的拉埃奈克第一时间对这个纸筒进行了深度加工，先后试验了许多种材料，包括木棒、纸棒、金属棒等，最后做成了一个被他称为"胸部检查器"的小东西，这是一个由两端是喇叭状听筒，中心是一根空心圆柱体木棒组成的小玩意儿。虽然看上去很简单，但是却能够听到人的心跳和呼吸。

拉埃奈克凭借这个小玩意儿和自己的勤奋努力，最终完成了巨著《心肺病与听诊法》，也让听诊器走向了世界。

学科直通车

声音在不同介质中传播速度的比较

在 0℃ 的空气中：331m/s；在水中：1500m/s；在铁中：5200m/s。

除了传声介质的差异以外，声音还会受到温度、阻力、折射等因素的影响。比如热空气中声音的传播速度就远远超过冷空气中的传播速度；同样是晴天，有风时声音的传播速度会比无风时慢很多；最有意思的是晚上和白天的声音传播速度的差别，白天声音会随着遇到的热空气的上升折射开来，晚上则会随着遇到的冷空气的下降沉入地下。

最后说一个有趣的实验，叫"一敲三响"。

有兴趣的同学可以找一根 3 米左右的水管，然后一位同学在水管的一端用铁棍敲，另一位同学在水管的另一端听声音，每敲一次你可以听到三个响声。这是回声吗？不是的，这是由声音的传播介质的差别引起的，因为声音在空气（气体）、水（液体）和铁管（固体）内的传播速度不一样，所以会听到三声。

知识小卡片

拉埃奈克（1781—1826），法国医生。他发明了听诊器，并且把这种方法称之为"听诊"。拉埃奈克是最初反对放血疗法的医生之一，45 岁因结核病而英年早逝。

第三节
声音的"坏脾气"

很多孩子都玩过贝壳，据说贝壳里面有大海的声音。当你把贝壳的口靠近耳边时，确实会听到里面有层层叠叠的鸣声。可是，这真的是大海的声音吗？当然不是了。其实，无论我们将空瓶子还是空杯子靠近耳边，我们都会听到类似于轰鸣的细微声音，也许没有贝壳那么有韵律，但发音的原理却是一样的。这可以用一种波动物理特性来解释，空杯子、空瓶子或贝壳的频率，与人体耳膜的频率相同，能引起耳膜共振，所以我们听到了这些声音。这种现象在声学上有一个特别的名称，叫作"共鸣"。共鸣是一种声音的共振。

说到"共振"就不得不提及一个名称——波动。到底什么是波动呢？举个简单的例子，当我们把石子投进水里，水面会泛起不断向外扩散的水波，这就是一种波动。波动无处不在，光和声音也是波动的一种。声音在空气中存在着一种看不见的波动，这种波动存在着一定的规律，它有波峰和波谷。因为在空气中形成了疏密间隙，我们经常说的"频率"，就是指的这种疏密间隙每秒钟变化的次数；我们经常说的"波长"，就是指这种疏密间隙里面密的部分或疏的部分之间的距离。频率和波长之间存在着一定的关系：频率高的时候，波长反而短；频率低的时候，波长就长。

当一个物体发出声音的时候，如果在它的旁边有一个频率非常相近的物体，就会产生我们常说的共鸣现象。共鸣发生后，声音的响度就会增大。

共鸣在工业里非常常见。比如煤矿业中筛分煤炭和碎石就利用了共鸣，旅游业里为船舶开道也可以利用共鸣，甚至在制造业里还出现了利用共鸣来实现木材切削的最新工艺和设备等。

利用共鸣现象为人类服务有着悠久的历史，古代的科学家就利用了共鸣原理来制作乐器。2300多年前，中国古代哲学家庄子的书中，就提到了在调瑟的时候，如果调瑟上的 mi 弦，那么这个时候别的 mi 弦也会动，这就是所谓的"音律相同"。

中国民间乐器二胡也利用了共鸣原理。二胡本身的琴弦很细，发声并不算强，但是它通过共鸣效应，通过蒙皮引起二胡的腔体——共鸣箱中空气的振动，声音就得到了有效的放大。一个好的共鸣箱甚至还兼有改善乐器音色的作用，有时候发声器演奏到某个领域内的音调时，共鸣会让泛音变强，进而达到让音色更优美的目的。

二胡

📚 学科直通车

共鸣现象和共振现象并不都是有益的，有时候它们也会产生很多不良后果。

《刘宾客嘉话录》里有这样一个故事：洛阳有一座小小的古庙，古庙里有一个磬。磬是一种声音非常美妙的乐器，但是声音再美妙的乐器，如果不敲自鸣也是很可怕的。这个磬就是如此，庙里的和尚很害怕，觉得是妖魔作祟。

于是，这个磬被单独锁在了一间空房子里。但是它依然不敲自鸣，把庙里的和尚吓得大病一场。

直到有一天，和尚的一个朋友去看他，朋友听闻此事之后，对那个不敲自鸣的磬进行了一番研究，这个朋友发现磬并不是无缘无故自鸣的，每次在寺院敲钟的时候它才发出声音。于是和尚的朋友就用一把锉刀锉了两下那个磬，改变了这个磬的共鸣频率，从此之后这个磬就不再响了。

另外一个故事发生在法国里昂。这个故事的主角是一座 100 多米长的桥，这座桥在一群士兵经过的时候突然倒塌了，因为这队士兵走路太整齐，所以引发了共振，进而破坏了桥体结构，造成倒塌，导致 200 多人死亡。这也是为什么现在士兵经过大桥的时候，都被要求禁止齐步走的原因。

生活中其实我们经常可以看到共振的害处。比如挑水的时候，水很容易和肩头摆动发生共振，这样就会导致桶里的水溅到桶外。所以有经验的人会把挑子两头的绳子尽可能放长一些，最后还要在水桶的表面放上一片薄薄的木板。

制造火车尤其要考虑到共振问题，火车的冲床、汽锤和各种机械等都是重点频率调整对象，尤其是火车轮和车轨缝相撞时的频率，一旦发生共振就可能出现危险。

知识小卡片

共振音响是一款没有喇叭的音响，它以 360° 周率传播，和普通音响的音效有极大差异，彻底打破了普通音响的局限性，让传声不再具有指向性。

共振音响的发声会随着其摆放位置的不同而有区别，它发声的音色主要取决于它所接触的材质。比如，将它放置在厚实的原木上，它发出的声音就很温润，低音听起来很低沉很有共鸣；但是如果将其放置在玻璃制品上，声音就会变得清脆而响亮。

共振音响最大的特征是其特有的穿透性，它可以直接穿过介质把音效传到另一面。比如你把共振音响安装在墙面上，当你在自己房间放音响时，墙的另一面的人可以和你一起欣赏悠扬的音乐。

第四节
怎样调整乐器的音调？

声音振动的频率有高有低，这种区别会形成不同的音调。所以，音调是由频率决定的，纯音的音调会随着频率的变化而变化。

钢琴属于一种弦乐器，按动不同的琴键，钢琴就会发出不同的声音，这是因为琴键对应着不同的弦，这些弦的长短和张力决定了发音的高低。对应的弦发出振动的时候，它的张力、振动和声音成正比，音调越高，张力越大，振动就越快。

笛子

笛子属于管乐器，笛子的长度决定了音调的阈值，通常越长的笛子，吹出的音调越低。

音调的发现在现实生活中具有很重要的意义，比如我们在给暖水瓶灌水的时候，听到的声音会随着灌水的情况有所变化。声音是往暖水瓶里面灌水的时候，瓶里的空气受到振动而发出的。刚开始往暖水瓶里灌水的时候，瓶里面的空气多，空气柱就长，它振动起来就慢，频率就低，声音相对也就小。随着水位慢慢升高，暖水瓶内的空气柱变短了，这个时候空气柱发出的振动就快，频率就大，音调也就高，你听到的声音会变得更响亮。

了解了什么是音调之后，接下来我们学习一下什么是响度和音色，看看它们有什么特点。

响度是声音的强弱，可以被人主观感受到，利用响度作为参考系，可以把声音由弱到强进行排列。响度的计量单位为分贝 (dB)，人耳能感觉到的声音响度阈值在 0 ～ 130dB 之间，所以我们经常说的听觉的动态范围，就是这个阈值：0 ～ 130dB。

一般我们说的响度直接反映为声音响亮的程度，响度大小与声音的振幅有关，振动的幅度越大响度就越大。比如敲鼓的时候，你敲得厉害，鼓面的振动幅度就大，响度就大；相反，如果你敲得轻柔，鼓面的振动幅度就小，响度就小。

音色是比较特殊的一个声音的标准，它主要是一种感觉特性。音调和响度主要是由发声体振动的频率或者振幅决定的，而音色则与发声体密切相关，发声体的材料和结构差异决定了音色的差异。比如充满了男子汉英雄形象的进行曲，通常就会使用雄浑的铜管乐器来表达；而缠绵悱恻的爱情乐曲，通常就会利用小提琴、长笛等音色纤柔的乐器来演绎。

音色是声音的重要特性，人耳可以通过音色的差异，来分辨出不同的发声体。同样的音调和同样的强度，如果发声体不同，人耳也能够通过音色来辨别。

学科直通车

如果说音乐是天籁之音，那么噪音就是地狱之曲。

广义的定义：噪音是在一定环境中，发声体在无规则振动时，发出的嘈杂、刺耳的声音。它具有引人烦躁、危害健康等害处。噪声污染是一个普遍的现象，因为随着现代交通运输业、建筑施工业、娱乐广告业等进一步的发达，带来了大量车辆鸣笛、工业噪音、高音喇叭、嘈杂市场等问题。

现在对噪音的定义更趋向于从环境保护的角度出发：凡是妨碍人们正常休息、学习和工作的声音，以及对人们要听的声音产生干扰的声音，都是噪音。

延伸阅读

巧辨暖水瓶

有经验的人在挑选暖水瓶时，会把耳朵贴在暖水瓶瓶口，如果暖水瓶内的响声是"嗡嗡"声，并且这个"嗡嗡"声很大，那么这个暖水瓶质量就不错。

经过前面的学习，我们知道声波必须通过介质来传播，并且在传播过程中如果遇到障碍物，声波还会发生反射。生活中每时每

暖水瓶

刻都存在着各种频率的声音，这些声音很容易和暖水瓶发生共鸣。由于暖水瓶内那些光亮的镀银面容易发生频频的反射，声音反而不容易透过真空的玻璃夹层，于是就堵在暖水瓶内，最终形成了我们听到的那个很强的"嗡嗡"声。

所以，如果一个暖水瓶里面的镀银面光亮度很高，夹层里的真空度就会高，听到的"嗡嗡"声相对来说就大，那么这就是一个质量很好的暖水瓶。相反，如果暖水瓶内的镀银面光亮度不高，夹层里的真空度也就不高，质量自然也不好了。

第五节
回声趣话

北京的天坛公园里面有一块三音石，这块石头被放置在通向皇穹宇的台阶上。站在台阶上你只需拍一下手，很快就会听到三次，甚至更多次拍手的声音。

难道在这块石头之中有什么奥妙吗？不是的，真正神秘的不是这块石头，而是天坛四周的墙。这些墙的质地非常坚硬光滑，这就给声音提供了一个很好的反射条件，加之这些墙呈圆形环拱状，三音石

天坛回音壁

又刚好处在圆的中心处，所以你在台阶上拍手，声音就会传向四面八方，到了围墙那里又被反射回来，再经过位于圆心的三音石，就会让站在这里的人听到多次回声。

反射回来的声音经过三音石后还会继续向前，等传播到了对面的围墙上时，它又被反射回来，在台阶上又能听到一次回声，甚至它还可能反射回来第三次、第四次，甚至更多次。所以虽然你只拍了一次手，却收获了无数掌声。

但是，你在皇宫内拍一下手却没有任何回声。这是因为我们的耳朵辨别回声需要时间，当原声和回声之间的间隔时间低于0.1秒的时候，我们的耳朵区分不出两者的差别，回音和发声就是一个声音。通常，

声音在空气中的速度为340m/s。所以除非你和墙壁之间的距离超过17米，我们的耳朵才能把回声分辨出来。皇宫内的半径不到17米，我们当然就听不到应该有的回音啦。而三音石到围墙的距离是32米，发声和回声的时间间隔接近0.2秒，所以你就能够清晰地听到多次回声了。

回声是日常生活中常见的现象，只要有阻碍的地方（如建筑物的墙壁等）就有回声。为了区分这种大反射面弹回的声音，我们把反射回来的声波统一叫作回声。但很多时候回声的声强不够，或者与原声之间的时间间隔太短，所以我们听不到。

利用回声的现代科技非常多，比如我们用于军事和科学上的声呐装置。利用这种装置可以进行水下探测和通讯任务，比如探测海深、冰山距离、敌艇方位等。

看过电影《泰坦尼克号》的人肯定记得，在那一次闻名世界的灾难之旅中，一艘巨大的商船被冰山送入了海底。

全世界都在寻求避免惨剧重现的方法，美国的科学家们为此专门制造了一台回声探测仪，它可以利用放出的声波来进行水下目标测量，然后通过分析反射回来的声波信号和时间差，计算出海底障碍物与船之间的距离和具体的海域深浅，这就是第一台现代意义上的声呐装置。

地质勘探中也有关于回声的广泛应用。石油的勘探常用人工地震来进行，具体而言就是埋一个炸药包在地下，旁边放上探头后引爆炸药，利用探头接收到的地下不同层间的反射声波，计算并推测出下面是否有油矿。

回声在建筑业中的应用也很广泛。封闭的空间里声波会在四壁上下不断反射，所以设计建造大的厅堂时，必须考虑回声的因素。

学科直通车

蝙蝠是动物中利用回声原理的高手，是一个天生的声呐装置。

蝙蝠

蝙蝠通常在黑暗的环境中飞行和捕捉食物。在黑暗中，它依靠的不是眼睛，而是利用自身发射出来的超声波信号来进行回声定位。蝙蝠的口鼻部有一种"鼻状叶"的结构，看起来就像是皱巴巴的皮肤褶子，可不要小看了这个丑怪的东西，它可是一种全天然的超声波装置，它可以完美地发射高频率的超声波，然后利用自己那两个漂亮的大耳郭接收反射回来的超声波，并且通过不可思议的信息解读，来确定前方会遭遇的障碍情况，进而帮助自己进行飞行的路线定位。

蝙蝠还能利用这种超声波机制，具体地辨别出前方不同的昆虫或障碍物，好选择是回避还是追捕。蝙蝠依靠着这种回声定位系统，获得了动物界的"活雷达"之称。

知识小卡片

声呐：声音的导航与测距

声呐是一种用于水下探测、通讯等任务的电子设备，它通过声波的水下传播特性，对水下目标进行探测、定位和通信。声呐是目前水声学中应用最广泛的一种装置。

其他的探测手段在水中发挥不了足够的价值，往往只能够观察和测量到很短的距离。比如强光虽然很厉害，但是到了水中传播距离也很有限，往往不超过百米。现代科技中常用的电磁波入水就快速衰减，往往不超过百米就被限制了。

声呐

只有不受限制的声波可以深入水下，比起其他作用距离都很短的探测手段来说，声波在水中传播的衰减就很小。把一个几公斤的炸弹在深海底引爆，好的声呐装置可以在两万公里外收到信号。

尤其低频的声波传播距离更远，就是海底下几千米的地层，这些声波也能到达，并且能成功带回地层中的信息。

第六节
无声的杀手——次声波

1948 年，马六甲海峡上一场异常的死亡正在悄悄降临，这次死神席卷的无辜对象是一艘荷兰的商船。当时的海上正刮着巨浪，这突然的浪潮让船员们措手不及，于是体格健壮的船员们只能抓紧时间紧张地忙碌着，争取保护好更多的货物。

就在这个时候一个船员突然倒下了，接着就像是某种病毒一般，所有的船员都依次倒在了甲板上。这艘可怜的商船失去了它的主人，成了海上的一匹流浪的野马。这次事件中所有的受害者都没有外伤、没有中毒迹象，直到解剖尸体以后，医学报告显示，所有的死者都是因为心血管全部破裂而死。

无独有偶，四十多年后的某一天，在浪漫的法国也发生了一起类似的事件，一个村庄的农民在田间干活的时候，不知道因为什么原因突然全部倒下了，而在这个村庄的旁边有一个声学研究所。

现在我们来猜一下，造成这两起神秘死亡事件的元凶到底是谁？

这个凶手就是声音界的杀手——次声波。

次声波，又叫作"低频次声"。这种声音振动的频率通常低于20Hz。我们人耳能够听到的音域在 20 ～ 20000Hz 之间，声波频率高于20000Hz 的我们称为超声波，声波频率低于 20Hz 的我们称为次声波，人类是无法听到超声波和次声波的。

我们这次要说的主要是次声波，虽然我们听不到次声波，但是我们每时每刻都在和次声波发生关系。因为人体的内脏在进行功能活动时，刚好就会发射 0.01 ～ 20Hz 的振动频率，也就是说次声波正是和人体内脏振动频率同步的，如果这个时候有次声波从人体穿过，我们可能就会在不知不觉的情况下，和这个声波发生共振。这就意味着我们的内脏很可能出现不规律的振动，人体就会立刻出现恶心、反胃等现象，严重的会立刻出现内脏损伤，尤其是心脏的损伤，那么次声波立即致人死亡也不是什么奇怪的事情。

这样来解释马六甲海峡的离奇案件就容易多了：

也许是因为海上的巨大风暴产生了类似的次声波，这种次声波刚好在某个阶段和人体的内脏发生了共鸣，而且当时所有的船员都在海面上，就在这种次声波的直接覆盖范围内。受到了次声波相应的影响，这些人的心脏、肝脏，还有其他内脏都发生了剧烈的抖动、跳动，直到最后血管破裂而死亡。

　　法国事件的直接嫌疑人也水落石出，那个远在 12 公里外的声学研究所就是"杀人凶手"。次声波从这个研究所里面泄露了出来，而实验的直接受害者就是那些无辜的农民。

　　这也证明了次声波完全可以成为一种武器，而且是一种无声无息的杀人武器，只要达到相应的频率和功率要求，次声波就可以在瞬间让大量的人立即无声无息地死亡。

　　最可怕的是次声波的传播速度并不因为频率低而有所下降，它在空气中的传播速度为 340m/s，在水中的传播速度为 1500m/s。

　　这是一种属于未来世界的精良武器，它传播的方式多种多样，你可以将它贴在墙上，在无人知晓的情况下杀害墙另一面的人。同样，如果在战场上，飞机、坦克和潜艇都不是次声波的对手，它可以穿透绝大部分建筑物、掩蔽所，直接攻击这些掩体背后的人。

　　目前很多国家都在低调地研制着与次声波相关的武器，这些次声波武器有很多具体的细节差异，但总体来看主要有两种类别：

　　第一种次声波武器的作用是干扰神经，它使用的振荡频率大概是 8 ~ 12Hz，这个频率非常接近人脑的α节律。当人脑被这种次声波干扰的时候，会出现很多相应的症状，比如神经错乱、癫狂发抖等，从而失去抵抗力。

　　第二种次声波武器的作用是直接置人于死地，它使用的振荡频率大概是 4 ~ 18Hz，这个频率接近于人体内脏器官本身固有的频率。所以一旦它和人的内脏发生共振，立刻就会导致人体死亡。

　　这些次声波武器所具有的杀伤力非常可怕，并且有很大的可能在未来的战争中发挥作用。现在的我们可能还无法确定将来的次声波武器会变成什么样子，只希望它不会给人类带来灾难。

学科直通车

次声波出现的时候首先引发的症状就是头晕、烦躁、焦虑、耳鸣、反胃、恶心等。这是因为次声波的频率跟人的腹腔和胸腔最吻合，所以腹腔和胸腔内的器官会在第一时间被强制引发共振，进而导致整个人体内部结构出血甚至损伤等。

海啸

次声波最可怕的地方就是无形，人们看不见它，但它却时刻在产生。比如在自然界，我们知道的如太阳磁暴、海峡翻滚、电闪雷鸣、气象转换等自然现象；又比如在工业界，我们知道的机械撞击、工业摩擦、核能开发等，都可能产生次声波并威胁着人类的安全。

延伸阅读

无论是火山爆发、海底地震、流星爆炸、龙卷风、飓风、极光、磁暴还是台风、雷电、海啸，甚至洪水，只要有自然现象发生的地方，次声波的产生就屡见不鲜。

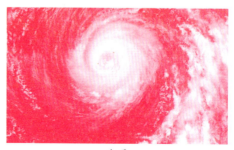

台风

现代工业的发展，使得次声波的来源越来越多，比如核爆、火箭发射、飞机、火车、汽车、电脑、化学爆炸、机器运转等许多人为现象，都让次声波充斥在我们的生活中。

　　科学家认为随着现在的次声波武器继续发展，将来很可能会形成杀伤力巨大的武器。一个次声波炸弹，就能在不损坏其他任何东西的情况下，让方圆几十公里的人无声无息地死去。

第七节
听不见的超声波

　　第一次世界大战时期的德国海军非常猖獗，因为他们有世界上最先进的潜水艇，海面上的舰艇根本不是他们的对手，稍不注意就吃了亏。

　　那么有没有什么办法能够进行反追踪，从而发现潜水艇的行踪呢？

　　各个国家的研究人员开始思考解决的方案，其中的佼佼者——法国物理学家保罗·朗之万最先找出方法，那就是超声波勘察法。

　　超声波在前面我们已经提到过，这和次声波完全相反，次声波是低于人类的听觉阈值，而超声波则是高于人类的听觉阈值。

　　超声波的振动频率在20000Hz以上，这种高频率的振动首先会带来巨大的能量，但是它只能进行直线传播。因为能量和频率是成正比的，所以在振幅相同的条件下，超声波具有的超高频率，就带来了同样比例的能量。

　　保罗·朗之万就利用超声波的这些特性来定向发射，从而达到监控和侦察潜水艇的目的。他发明的这种仪器叫作声呐，舰艇利用水下超声波发生器不断旋转，同时向各个方向发射了超声波。这些超声波在遇到障碍以后会反射回来，那么舰艇自然就可以计算敌方潜水艇的位置了。

声呐在前面我们已经提到过，这是一种非常有效的探测仪，能够探测水中的暗礁、深海的潜水艇，甚至是远处的冰山、海水的深度；陆地上可以用来探测大雾天气中的障碍，探测地下的金属、陶瓷、混凝土等，尤其是现代水库大坝等大型建筑内部，声呐能够发现其中的气泡、空洞及裂纹，发挥着非常巨大的作用。

因此超声波在实际生活中被广泛应用。比如我们常说的超声波加湿器，就是利用超声波的原理，把巨大的能量引入到小水罐中，把水罐里面的水打散成无数的雾滴，就能够被引入风扇吹入室内。对中国北方干燥的冬季而言，这种加湿器能够增加室内空气湿度。

同样的原理还可以应用到医学上，比如帮助把药液雾化，让患有咽喉炎、气管炎等疾病的病人吸入，让药物覆盖到血流难以到达的患处。现在最常用的超声波碎石技术，就是利用超声波打碎人体内的结石，让结石能够排出人体。超声波甚至还能破坏细菌内部的结构，进而达到消毒的目的。

超声波之所以能够运用到医学中，是因为人体内的结石和内脏对超声波的反射能力不相同，健康的内脏和病变的内脏也有所不同，利用这细微的差异，就能够进行 B 超造影，医生可以分析和判断患者的病变情况。

超声波就像是一种透视工具，利用超声波甚至可以简单地"透视"金属。探测厚达 1 米以上的金属，只需要在被检查的对象上涂上一层耦合剂，然后就可以利用超声波探测金属的内部，发现其中的气泡裂纹等缺陷，可以发现小到 1 毫米的不均匀的部分。因为金属里不均匀的区域会把超声波漫射开，那么本来均匀的油面上，就会显现出来金属不均匀的部分的影像。

但人类并不是超声波的宠儿，动物中的海豚才是超声波的高手。海豚的声波频率在 200K～350KHz，这只是它们互相打招呼的方式，人类无法听到这样的声音。平时听到的海豚叫声已经是海豚的低音部了，可以说海豚是一种非常"聒噪"的动物。

海豚

学科直通车

超声波清洗机是一种利用超声波来进行清洁的机器。

超声波发生器发出高频振荡信号，这种信号经过换能器转换后，会变成高频机械振荡。将这种振荡导入到介质中，就能把液体打碎成数以万计的微小气泡，这些本来存在于液体中的微小气泡不断流动扩散，同时这些气泡承受着一定的声压，等到声压达到一定高度时就会突然增大并且闭合，这个闭合的过程中产生的冲击波会形成上千个大气压，从而彻底破坏掉那些不溶性的污物，最终让所有的污物都被分散到清洗液里，使得所有的油污都被乳化干净，固体的污渍脱离而实现清洗净化的目的。

超声波清洗就是利用超声波的原理，让清洗液中的无数气泡形成并发生内爆，进而产生强烈的冲击而剥落工件内外表面的污物。这种清洁方式对高精密的工业配件非常有用，能够在不破坏工件的前提下，清除掉微小的颗粒污垢。

延伸阅读

保罗·朗之万（1872—1946），法国物理学家。

朗之万曾经先后考入巴黎的物理和化学高等学院，并在毕业后进入英国剑桥大学卡文迪许实验室进修，两度当选为索尔维物理学会议主席。

朗之万对次级 X 射线、气体中离子的性质、气体分子动理论、磁性理论、相对论等方面有相当深的研究，他曾经先后提出了磁性的理论，发展了布朗运动的涨落理论。

保罗·朗之万

第一次世界大战期间他利用石英的压电振动获得了水中的超声波，达到了探测潜艇保护自己国家的目的。第二次世界大战期间他被德国逮捕入狱后，一直坚持与法西斯斗争，并且多次参与声援中国的革命活动。

第二章
光和透镜

主题引言

　　光的世界充满了色彩，它像炫目的宝石一样吸引着我们。光与透镜组成了一个色彩斑斓、变幻莫测的光学世界。如今，科学技术飞速发展，我们的生活当中充满了各种各样的光学产品，它们丰富着我们的生活，为我们提供便利。透镜是随着人类智慧的发展而不断进化的工具。你知道相机镜头是如何成像的吗？你知道眼睛与眼镜之间的微妙关系吗？复印机、激光打印机包含什么光学器件？从多姿多彩的透镜到光学的尖端技术……透镜的神奇世界，欢迎充满好奇心的你前来探索！

第一节
光是什么颜色的？

光是什么颜色的呢？或者说光真的有颜色吗？很多人说光是无色的，其实这是不对的。光是有颜色的，这是伟大的科学家牛顿发现的，他通过研究光，偶然发现了颜色的秘密。

牛顿虽然是个天才科学家，却有一个很贪玩的童年。有一天小牛顿做了一盏灯笼，他把灯笼挂在风筝尾巴上，然后在夜幕中放飞了这只风筝，被点燃的灯笼随着风筝一起飘入了夜空中。

人们很惊讶，谁都没有想过空中会出现发光的灯笼，于是人们都以为这是一颗奇怪的彗星。小牛顿很得意自己的杰作，于是他就对与光有关的事物特别感兴趣。

小牛顿长大以后学习一直很厉害，他成了世界知名的科学家，取得了科学历史上很大的成就。但牛顿一直没有忘记自己对光的好奇心理，他比任何人都希望了解光，想要了解更多光的原理。

牛顿是个著名的天文学家，他经常用自制望远镜观察天体，有一次不知道发生了什么事情，无论怎样调整镜片，他观察到的视点总是很不清楚。

牛顿认为这可能与光线的折射有关，于是他就动手做起了试验。牛顿先找了一个进行试验的暗室，这个暗室仅仅只有一个透光的小孔。牛顿在这个小孔的背后放上了一个三棱镜，然后在对应的方向上挂了一张白屏。他认为从圆孔进来的光线在通过三棱镜时会发生折光现象，跟他预想的一样，折光现象发生了，更美妙的观察结果也出现了。

让牛顿意外的是，白屏上所接收的折光并不是直线的，而是呈现出一个整体的椭圆形，这个椭圆形的两端分别出现了红、橙、黄、绿、蓝、靛、紫七种颜色。

牛顿被这个美丽而又奇异的现象迷住了，他陷入深思之中，并且联想到了自然界中同样美丽的东西，那就是雨后天晴出现的彩虹。彩虹也是一个未解的谜团，谜底到底是什么呢？为什么彩虹也是七种颜色？这两者之间有什么关联吗？

牛顿最终找到了问题的答案，他认为阳光并不是无色的，相反，阳光非常美丽，它是由红、橙、黄、绿、蓝、靛、紫七色光线汇合而成。

根据这个理论，牛顿得出了天空中雨滴反映的是光线真正的颜色的结论，空中水汽形成的折射和反射将这种光线的谱系完美地展现了出来，也就是我们看到的五彩缤纷的彩虹。

学科直通车

太阳、蜡烛、电灯这些我们常见的发光物体都有光热特性，大部分物质发光时的温度都很高，比如正在燃烧的物质，又比如正在发光的灯泡钨丝，尤其是太阳表面的温度更是高达5000℃以上。

荧光粉

但也有些东西是不需要发热也可以发光的。比如有些东西可以反光，夜光表、夜光钟、夜明珠等，即便很小的光源也能让它呈现出耀眼的荧光。荧光粉是一种能吸收能量的物质，它随时处于激发状态，如果用手电筒照射它，它就会以发荧光的方式向外释放能量。

延伸阅读

我们知道现代相机是由镜头、暗箱、快门为基本机身，加上测距、取景、测光等辅助装置共同构成的、可以用来拍摄照片的器械。

照相机

照相机也称作摄影机，最早源于 18 世纪的欧洲。那时候的欧洲流行一种有趣的绘画技术，画家在给人画像前，在被绘画者的眼前先点一支蜡烛，然后被绘画者的影像就会投影到背后的白纸上。这个时候画家再用铅笔，根据投射到纸上的人影勾画出轮廓，最后完善细节，做成一张写实画。

也许就是在这种创作的启发下，1820 年，英国人维丘德制成了世界上最早的印相纸，它可以照下人的影子，但这种印相纸一见光就会报废。到了 1827 年，一个法国人把一块锡板放在阳光下照射，这块锡板的表面涂满了沥青粉末、油和蜡，在阳光下晒 6 小时以后，遮盖实物的地方就会出现白色的影子。

到了 1839 年，法国人达盖尔给了照相机一个真正的雏形。这个年轻人有一把漂亮的银匙，有一次他无意中将这把漂亮的银匙放在碘处理后的金属板上，达盖尔惊讶地发现这个银匙的影子印到了板上。

于是达盖尔专门磨制了涂碘的金属板，并用自制的镜头进行拍摄，如他所愿，果然有影像被保存了下来。当时他还没有太在意，直到有一天他在药器箱中找药品时发现那张曝过光的金属板，上面的底片影像竟然非常清楚，于是他相信一定是某种药品起了显影作用。于是每天晚上，达盖尔都会把一张曝过光的底片放在箱内，然后把药箱里面的药取出一种。但是直到所有的药都被取完，达盖尔也没有找到底片显像的原因。

聪明的达盖尔认真仔细地检查了箱子。结果他发现了，原来这个药箱内有些水银残余物。他立刻展开了实验，果然发现是水银蒸发造成了底片显像。刚好这个时候哈谢尔夫——另外一个聪明的发明家，他发现了定影作用。

于是达盖尔将自己的发明配合哈谢尔发明的定影技术一起，最后再加上了维丘德发明的印相纸，终于让底片和显影技术完全成熟，制成了世界上第一台照相机。

第二节
甩得掉的影子

有一个成语叫"形影不离"，我们的身旁总是紧随着一个黑黑的影子。无论是在太阳下还是灯光下，只要能看到我们身体的地方，就能看到我们的影子。任何一个物体在有光源的情况下，随着光源与物体位置的变化，影子也会出现相应的变化。

物体和影子之间的关系非常的亲近和密切，就好像是一对孪生的兄弟，是另一个世界里面自我的投影。那么这神奇的影子到底是怎样形成的呢？

我们可以看到物体影子的大小并不是固定的，那么是什么原因使得影子会发生奇妙的变化呢？我们有没有方法把影子甩掉？要解决这些问题关键就要从光线的轨迹来寻找答案。

在同一种均匀的物质中，光沿直线传播，光线不会转个弯，它只会直来直去。当光线遇到无法穿透的物体时，光线就被物品给挡住了。被挡住的部分自然就黑了，就形成了一个阴影，也就是我们说的影子。

太阳的位置不同，影子大小、位置也随之不同。阳光照射下的影子往往早晚长一些，到了正午的时候会短一些，有时候甚至小到看不见了。

影子与太阳的位置也有关系吗？是的。

早晚的太阳光以一种倾斜的角度，斜着照射在物体的身上。这个时候的光线，它被物体挡住的面积大，形成的阴影就看上去更大。

正午的时候，太阳升到最高的地方。这个时候的光是直射在物体顶端的，物体所挡住的面积就小，形成的阴影自然也就更小。

我们说的日食、月食其实都是影子造成的。地球绕着太阳旋转 365 天就刚好完成一周，就是一年。月球绕着地球旋转大约 27 天刚好完成一周，这是月份的来历。

因为太阳、地球和月亮都在不停地运动，所以月亮的运行轨迹就有机会转到地球和太阳之间。当三者在一条直线上的时候，月亮就完全挡住了太阳的光芒。这个时候它就会有影子落到地球上。

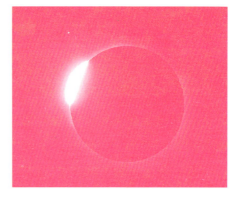

日食

当你所在的位置刚好在影子的中心区域，也就是本影中的时候，你看到的就是日全食。

如果你的位置刚好在本影的周围，也就是我们影子逐渐变淡的半影区域，你只能看到太阳的一部分，就是日偏食。

月食也是同样的道理。当地球处于太阳和月亮之间，这三个星球以另一种顺序在一条直线上时，地球挡住了照向月亮的太阳光，月亮变暗的情况叫月食。

生活中我们常常需要没有影子的条件，比如医生做手术的时候，医生自己的投影会挡住视线，这会妨碍医生的操作，手术刀下甚至一根线的投影都是危险的，于是一种消除手术中的影子的灯被制造了出来，这就是"无影灯"。这个无影灯是由许多水银灯组成的，工程师们将这些水银灯安装在巨大的盘形灯座上，于是这些水银灯可以从不同的角度进行照射，这时候影子就几乎消失了。由此看来，影子并不是真的完全不能甩掉。

学科直通车

为了证明光是沿直线传播的，2400年前，墨家就已经有了解释。

我国杰出的科学家墨翟和他的学生进行了世界上第一个小孔成倒像的实验。墨翟在一间暗房的墙上开了一个小孔，他让人对着小孔站

小孔成像实验

在屋外，光线从小孔进来，屋里对面的墙上就出现了一个倒立的人影。

虽然墨翟的目的不是发明照相机，但是他已经解释了小孔成倒像

的原理。光穿过小孔的时候就像射箭一样，人的头部遮住了上面的光，所以人头会成影在下边，相反人的足部遮住了下面的光，那么脚的成影反而倒在了上边，所以就形成了一个明显倒立着的影像。

墨翟是个了不起的科学家，这是人类对光直线传播的第一次科学解释。人类通过对光的长期观察，发现沿着密林树叶间隙射到地面的光线，通常是可见的射线状的光束。如果留神观察，同样的现象也发生在从小窗中进入屋里的日光上。纯粹的观察结果就可以传递一个事实：光是沿直线传播的。

🔦 小小故事吧

有这么一个故事：有一个很厉害的弓箭手叫乐广。有一天，他请了一个朋友来到家里一起喝酒。结果这个朋友喝酒的时候看见自己酒杯里有一条小蛇的影子，这个朋友当时心里就很厌恶，觉得不吉利不舒服，但是他碍于情面还是把酒喝下去了。

回到家里，他越想越不痛快，竟然生起病来了。乐广听了这事儿心里不好受，赶紧去看这个朋友，结果听到那个朋友生病的原因后，乐广觉得这事儿很奇怪，家里附近草都不长怎么会有蛇呢，更何况还出现在酒杯里！

乐广专门回到那天喝酒的地方去查看。结果他发现了秘密所在，原来大厅墙上挂有一把弓。弓的影子本来就形似蛇，又刚好投进了那朋友的酒杯里。乐广心里乐了，赶紧去找朋友解释。朋友明白了原因以后，病就立刻好了。于是"杯弓蛇影"后来就用来比喻疑神疑鬼、自相惊扰的人了。

第三节
解密海市蜃楼

在我国广东澳角、山东蓬莱、浙江普陀等地的海面上，常常会出现高大的楼台、城郭、树木等幻景。这种幻景十分少见，每次出现都会引发很多人的惊叹，十分神秘。

当然蜃景并非滨海独有，沙漠、江河湖泊、山地丘陵等地都可能出现。这可不是一个现代词，这词是古人发明的，因为古人将这种幻景的成因理解为蛤蜊之属的蜃吐的气，认为是这种仙气幻化成了楼台城郭。

海市蜃楼其实是一种非常特殊的气候现象，在气象学中我们将之称为蜃景。蜃景产生的原因很简单，这跟筷子插入盛水的玻璃杯中就像是被水折断相类似。蜃景是光线倾斜地穿过密度不同的几种介质时，在每个介质的界面，传播速度和行进的方向都发生偏折的现象，这就是物理学中的光折射现象。

折射

我们说光在经过密度均匀的物质时，其传播方向和速度一般保持不变，但是当光线由密度不同的物质中穿过时会发生偏折，比如从疏介质进入密介质时，折射角会小于入射角，光线就会向垂直于界面的法线方向偏折。

海市蜃楼是一种折射现象，它折射的是不远处的真实空间。比如海上的海市蜃楼，往往是因为海面空气湿度比较大，空中就出现了大面积的水蒸气，这些水蒸气的厚度也比较大，就能形成一个巨大的透镜系统。

空中就形成了一个巨大的"放大镜＋显微镜"，微观世界的景象被反映了出来，运动着海市蜃楼的景象，证明另一空间的景象也在动。

沙漠或其他地方有时候也能形成一个巨大的微观观测系统，人们也可以观测到海市蜃楼。

大自然中空气层各部分密度一直都是有差别的，进入春季或夏季，这种密度差还很大，这个时候海水和陆地温差较大，海面空气自然会出现下冷上暖的现象，配合海风和海流的影响，低层空气的密度会慢慢变大，高层的空气密度就会更小，发生光的折射和反射现象非常正常。

如果太阳光此时从海洋远处的某个物体上反射出来，当太阳光穿过空气密度不同的两个界面时，光的折射就发生了。

通常在平静的海面、大江的江面、湖面、雪原、沙漠、戈壁或者极地等地方，甚至在夏天的柏油马路上，偶尔也会出现这种幻景，且不一定会在空中，有时候"地上"也会出现。在这种奇景里面，我们可以清楚地看到房屋、人、山、森林等景物静止或者在运动。

地面气温剧烈变化的时候会引起大气密度差异，景物在光线传播时，就发生异于常态的特殊折射和全反射。我国山东蓬莱市临海且气温常发生剧变，从而经常形成蜃景，这里素有"海市蜃楼之都"的称号。

海市蜃楼

国外关于蜃景奇观的记载也不少。

美国曾经有一个探险队去探索一座神秘的高地，这高地是探险队中的一个成员在几天前发现的，这个地方很难去，需要驶过冰山海域，然后下船登上冰川，最后再步行前进。探险队到了这个高地面前，发现景象慢慢地改变了，最后竟然消失得无影无踪。一切高山景观化为乌有，只留下广阔无垠的冰山海洋，自然界的海市蜃楼骗了他们。

学科直通车

我们的生活中存在着很多折射现象：筷子在水中"弯曲"了，目测的水深低于实际水深，渔夫在叉鱼的时候，往往是朝着看到的鱼的下方，这样叉下去才能叉到鱼。水底发出的光线在到达水与空气的界面时，光线进入了新的介质，因介质的不同而发生折射，它就会偏离法线的方向，于是光线真正到达我们的眼睛时，已经是有拐角的了，我们就会被欺骗，产生池底看起来较浅的感觉。一系列的折射现象让我们看不透水的秘密。

延伸阅读

最近一篇文章详述了"泰坦尼克"号的悲剧原因，第一次探讨了光学现象在"泰坦尼克"号沉没中的影响。

作者钻研了"泰坦尼克"号上的天气记录——这个非常关键，一个自然现象——海市蜃楼出现在了他的判断里，加上生还者的证词、航海日志等的佐证，

"泰坦尼克"号

作者判断事发当天晚上的海域大气状况容易形成超折射，很可能正是这一现象使"泰坦尼克"号上的瞭望台有了盲区，光线发生异常弯曲，让货轮"加利福尼亚"号无法识别出"泰坦尼克"号，"海市蜃楼"的现象让瞭望台没能及时发现冰山。

第四节
天空为什么是蓝色的？

空气是没有颜色、透明的，但是天空看起来却是蔚蓝的，为什么天空看起来是蓝色的呢？

其实，蓝色天空是许多因素共同创作的图景。组成太阳光的颜色有七种，分别是红、橙、黄、绿、蓝、靛、紫，不同颜色具有不同的波长，波长比较长的红光透射性最强，波长较短的蓝、靛、紫等色光的透射性比较差。

红光的波长最长，能够直接透过大气中的微粒射向地面。紫光、蓝光、靛光等波长较短的色光很容易被大气中的微粒散射，空气分子热爱紫色光，很容易被吸收，所以天空是蓝色的而不是紫色的。

让天空看起来是蓝色的另外一个原因是我们的眼睛。我们的眼睛中有3种颜色的接收器，它们分别是红、绿、蓝色锥体，它们只对相应的颜色敏感。当有外界的光刺激我们的眼睛时，根据不同颜色接收器受到刺激的强弱差异，我们人体的视觉系统会重建光的颜色，最终形成我们所看到的物体颜色。但是这些不同颜色的锥体并不是只关注

自己，红色和绿色锥体对蓝色和
紫色的刺激也有反应，红、绿、
蓝色锥体同时受到太阳光的刺激，
三者综合起来接收的蓝光刺激最
强烈，所以我们看到的天空呈现
的是蓝色。

天空

我们知道大气分子是天空颜色
的功臣之一，越是晴朗的天气天空越蔚蓝。这是因为太阳光进入大气后，
空气分子和尘埃、水滴、冰晶等将太阳光向四周散射，天气好的时候，
空气中的尘埃、水滴、冰晶的数量会很多。正是大气、尘埃、冰晶、
水滴互相共同作用，才最终形成了天空的颜色。

当然有时候天空也会呈现白茫茫的颜色，这是因为空中有雾或薄
云，湿润的空气里有大量的水滴，这些水雾本身的直径远远超过可见
光波长，不同波长的光此时没有区别，被一视同仁地散射，这种情况
下选择性散射的效应就不存在了，所以天空就呈现出白茫茫的感觉。

天空本来是没有颜色的，太阳光的折射让天空有了色彩，天空的
颜色是太阳光给予的。所以，没有太阳光眷顾的夜晚，天空就只能是
一片漆黑的景况了。虽然空中也有月亮和星星的光，但这些光线很微弱，
不足以照亮夜空，天空就只有一片黑暗了。

📚 学科直通车

海水和天空一样充满了谜团，你舀一勺海水看看，原来看上去蓝
色的大海，并不是由蓝色的水组成的。海水是无色透明的，在海边漫
步的时候，你眺望的远方只是视觉的骗局，没有蓝色的大海。

和天空呈现蓝色的原理相似，选择吸收光线的原因，构成了海水的颜色。太阳光照射到海面时有一部分光折射进入水中，水对光的吸收具有选择性。进入水中的光线在传播过程中绝大部分都被吸收了，红光、橙光和黄光这些波长较长的光吸收显著。

海水

波长较短的蓝光和紫光吸收不明显，遇到水中其他微粒的时候会四面散开或反射开。所以当海水明净而清澈时，我们看大海，就只能看到海水吸收最少的蓝光和紫光，但是眼睛对紫光很不敏感，这就是为什么我们看见的大海呈现出蓝色的原因，这其实也是因为人眼没有如实反映情况，紫光被人类视而不见了。

延伸阅读

黑牡丹和墨菊都是非常少见的花，因为它们是黑色的，自然界里很少有黑色的花，于是天然黑花就成了物以稀为贵的珍品。

花瓣呈现黑色其实是因为在花瓣中含有花青素的原因，花青素的性质非常不稳定，在遇到酸类和碱类时，容易呈现出不同的颜色，遇酸变红，

黑牡丹

遇碱变蓝，遇到强碱变蓝黑色。黑花并不是纯粹的黑色，其实是指深

紫黑色，还有紫黑偏蓝，没有纯粹黑色的花。

自然界要求植物尽量不要出现黑色因子，是因为黑色的花朵其实是吸收了太阳光所有波长的能量，黑色的物体很容易被太阳光灼伤，为了种族的延续，自然就决定了黑色的花朵极少。

第五节
奥运圣火是怎么被点燃的？

2008年奥运会开幕的时候我们很多人都在看电视，看什么呢？当然是看奥运圣火了，我们发现当时李宁并没有用火把点燃圣火，圣火似乎是自己燃起来了。

原理说起来也不复杂，当时的圣火是被货真价实的太阳光点燃的，促成这一奇迹的还有一个可爱的小工具，那就是一面用球面的内侧作反射面的球面镜，这个有趣的工具叫凹面镜。

我们会发现平行于主轴的光线，经凹面镜反射后，这些反射光线被集中了起来，它们会聚在焦点处。每一面凹面镜都有一个焦点，这个点是实际光线的一个会聚点。会聚点上的光线能量最强。

凹面镜上的光线：

1. 平行于主轴的光线是最容易判断的，它们在经凹面镜反射后，会自动地聚于一个焦点上；

2. 进入的时候就穿过了焦点的入射光线，在凹面镜的反射后，是平行于主轴的；

3.刚好经过了球面中心的光线，在射入之后还需要原路返回；

4.顶点入射的光线是最耀目的，和它自己的反射光线在主轴的位置上形成了对称。

奥运点火的圣火盆非常有设计元素，它的表面形状本身就是一个抛物面的凹面，为了防止意外还特意粘贴了大量反光材料，最后让抛物线绕它的对称轴旋转180°就成型了。

当大量的平行光线在进入到这个凹面镜的表面时，所有的反射光线都刚好通过焦点。

太阳光都是平行光线，只要这个凹面镜用主光轴对着太阳，那么它所收纳进来的太阳光线都会平行入射到这个凹面镜的表面，反光材料将这些阳光进行反射，让阳光全部从焦点处通过，最后就形成了太阳光线的高密集区。此时，主光轴就是太阳的能量的焦点，这么高的温度足够融

凹面镜

化金属，如果让火炬位于抛物面焦点，自然能够点燃圣火。

我们经常看到电视剧里面有人拿出一个折子，然后晃一下就点燃火了，这个就是火种。但是火种是从哪儿来的呢？古代有一种取火方式叫钻木取火，也就是我们说的"木燧取火"，顾名思义，木燧取火于木。事实上古人在行军打猎时，更习惯根据天气来灵活选择取火的方式，除了木燧以外，还随身携带一种被称为金燧的取火工具，我国古籍曰"左佩金燧""右佩木燧"。

金燧取火利用了太阳的力量，这里的金燧又有很多种分类，包括

夫燧、阳燧等，但实际上它们的原理都是一样的，就是用一种打磨光滑、反光性能好的凹面镜，利用太阳的力量来取火。

金燧取火是人类文明的一个大进步，也是古代人们在光学仪器利用太阳能上面的一个先驱。

《淮南万毕术》有记载："削冰令圆，举以向日，以艾承其影，则火生。"如果你在冰天雪地里面想要取火，可以利用冰来做一面透镜，虽然水火不相容，但是水却可以生出火来，冰制成透镜就可以汇聚太阳光达到生火的目的。

学科直通车

放大镜也是一种可以用来生火的工具，因为放大镜本身就是一面凸透镜。

找出放大镜，到阳光下观察，你会发现放大镜把透过去的太阳光慢慢在某个点集中成了一个小光斑。这时候，如果把一张纸放在小光斑处，用不了几分钟这张纸就会迅速燃烧起来。

放大镜聚光生火

小小故事吧

荷兰密得尔堡有一家著名的眼镜店，这家眼镜店虽然生意不太好，但是却有一对爱发明的父子，他们最出名的一个发明就是改变了世界的显微镜。

这对父子是詹森和他的父亲老汉斯，詹森父子虽然平时挺喜欢瞎折腾，但是真没想过自己能够发明显微镜这么伟大的工具。

詹森是个喜欢闲玩的人，有一次他在屋顶上晒太阳，手上拿了几个店里的镜片在玩。这时候他手边刚好有一个金属罐子。詹森就塞了两片凸玻璃片到一个金属管子里，那时候的镜片都是圆形的，比较好卡入金属筒中。作为一个热爱观察生活的人，詹森像所有淘气的孩子一样，立刻用这个管子去围观周围的街道，想看看这样的叠放能不能给他带来别样的视觉享受。

显微镜

这个无聊的举动却给詹森带来了巨大的惊喜，他发现镜头里面的一切景物都比原来看上去大了好几倍，连几条街上的少女看上去也眉目清晰。

詹森非常兴奋，他相信自己掌握了一门了不起的技术，秉持着好东西大家分享的原则，詹森赶紧告诉自己的老爹，老汉斯也被这个新奇的发现震惊了。

那个时代正是各种发明涌现的黄金期，人们有了商业头脑，也有了创造的动力。老汉斯和詹森生在一个最好的时代，这样的发现就不再是偶然的恶作剧，而是真正的技术进步。

老汉斯和詹森进行了无数次的实验，将店里的小玻璃片打磨成各种凸面，经过无数次实验后，世界上第一台显微镜问世了。虽然它还有些笨拙和低端，但毫无疑问，这粗糙的本体就是世界上的显微镜始祖。

科学从来不错过有准备的人，随着显微镜的问世，更多的力量介入了进来。专门的研究人员开始改良这个小东西。

1660 年罗伯特·胡克第一次改良了复合显微镜。

1683 年列文虎克增加了一片透镜，让显微镜把标本放大了 266 倍，这意味着我们已经可以看见那些美妙的单细胞结构了。

现代光学显微镜的放大倍数已经以千倍计算了，分辨的最小极限达 0.1 微米。

第六节
眼镜诞生记

视力不好可以通过眼镜来矫正，那么眼镜到底是谁发明的呢？他又是怎样发明眼镜的呢？

是一个忧国忧民的学者，他自己不是近视，但是却很关心眼睛近视的人。看到周围患了近视的人经常撞到电线杆，善良的英国人培根心里很是难受。于是他一直琢磨要为世人解决这个问题，用自己的力量来为这些需要关怀的人提供一些帮助。

培根

培根并不是一个只知道伤春悲秋的人，他确实是个善于观察和发明的学者，散步的时候他也在思考。雨后的英国特别美丽，到处是晶莹剔透的水珠，反射出美不胜收的自然景色。

在培根的眼里，这些水珠可不仅仅只有美丽，这些水珠还有解决他疑惑的更高的力量，看着这些水珠，培根仿佛看到了治疗近视的希望。如果你注意观察也会发现，透过水珠看东西，同样的物体会变得大上几圈，要是透过水珠看一只蜘蛛，你甚至能看清楚它的腿毛。

眼镜

被这个发现惊喜到的培根立刻回家翻找他心爱的玻璃球，果然透过这个玻璃球看书上的文字，文字明显变大了，但是因为文字变得过于大了点，反而模糊不清了。

培根是个很有耐心的人，他琢磨了一下玻璃球和水滴的差别，立刻又翻出锤子和锉刀，敲了一片玻璃片下来。这次运气不错，刚好玻璃片形状合适，果然成功地放大了书上的文字。

就这样，培根成了早期眼镜的发明人。他发明的眼镜是一个置放在木头架子上的小镜片，十分可爱，看书写字的时候，用手拿着就行了。这个眼镜虽然看起来有点傻，却已经很好地拯救了一大批近视的人们。

现在，眼镜产业已经发展得非常好了，无论是近视镜还是老花镜都做工精美，能够很好地满足人们的需求。

但是关于眼镜的发明者究竟是谁，历史记载却是一片混乱，上面我们说的培根只是其中一个人选。意大利、美国、英国、中国都有自己的眼镜传说。最早有记载的眼镜出现在中国明代。明万历田艺蘅在《留青日札》卷二《叆叇》条云："每看文章，目力昏倦，不辨细节，以此掩目，精神不散，笔画信明。中用绫绢联之，缚于脑后，人皆不识，举以问余。余曰：此馤䶴也。"这个被称为馤䶴的东西就是眼镜，如果这两个字好写一些，也许现代中国对此的叫法还会延续下来。

学科直通车

近视眼镜是凹透镜，因为近视本身的成因是眼睛的聚光本领太强，这听上去是不错，但事实上是让大量的物体成像在视网膜前方，我们的大脑自然就接收不到电磁信号，自然就看不清楚东西。光经过凹透镜时会发散，使物体成像在视网膜上，进而看清物体。

远视眼镜是凸透镜，因为远视的成因跟近视刚好相反，东西都掉在视网膜后面去了，凸透镜具有聚光作用，因此能使物体成像在视网膜上，进而看清物体。

相关阅读

配眼镜后要坚持经常戴。患了近视，若已确诊为真性近视，度数在100度以上时，就应该佩戴合适的近视镜加以矫正。近视眼患者在戴上合适的眼镜后，处于正视眼的状态，眼睛的调节和辐辏机能恢复正常。

正确戴眼镜可减缓度数加深。近视眼患者戴用合适的眼镜，注意用眼卫生，近视度数会稳定在一定水平。但如果认为配了眼镜继续使眼睛长期

正确佩戴眼镜

处于疲劳状态，依然会导致视力减退，近视度数加深。戴用不合适的眼镜也会增加眼睛的负担，使视力下降，度数加深。有些高度近视（超过 600 度）者，虽然坚持戴眼镜，但度数仍会加深，医学上称为病理性近视眼。这种近视加深与近视的度数及家庭遗传有关。

第七节
红外线和紫外线的发现

红外线在我们的生活中扮演着越来越重要的角色，你知道红外线和紫外线是怎样被发现的吗？这就要问弗雷德里克·赫歇尔和 J·W·里特尔了。

1738 年在德国的汉诺威出生了一个青年叫弗雷德里克·赫歇尔的青年。他是一个真正的天才，他毫不费力地就成了一个音乐家和天文学家，成名要趁早，弗雷德里克·赫歇尔把这一点执行得很好。他年轻的时候有音乐，年纪稍长以后有了星空，这个少年正是天王星的发现者。

弗雷德里克·赫歇尔年过半百的时候更加热爱科学，他用了很多时间来研究太阳光的光谱。我们现在知道太阳光的各种颜色的波长是不一样的，但那时候的科学家们只能用实验来证明。弗雷德里克·赫歇尔是个珍惜器材的人，他很敏锐地发现了不同的颜色滤光器温度不一样，他很好奇是否有些颜色的太阳光比其他的携带了更多的热量？他进行了大量的实验，试图证明自己的这个猜想。

弗雷德里克·赫歇尔的实验非常成功，他成了第一个找出光线温度的人，他将自己看到的颜色进行了一个排序，紫色最低，红色最高。

赫歇尔

弗雷德里克·赫歇尔对红色之上的暗处也产生了好奇心，他把温度计放在红光旁边的暗处，这个有点淘气的行为却引出了一个了不起的结果，没想到在光谱之外的位置出现了最高的温度。

弗雷德里克·赫歇尔作了一个大胆的猜测，他认为太阳光中除了光波之外还存在着热波，这些热波是无形的，不可见的发热光线只会对温度计说实话。弗雷德里克·赫歇尔于是将这种发热光线命名为红外线。红外线会发生折射、反射等行为，跟光的原理和路径几乎是一模一样的。

就在这个时代还有另外一个天才的科学家J•W•里特尔，受到弗雷德里克·赫歇尔的启发，这个喜欢研究氯化银与光线发生作用后由白变黑的青年，按照弗雷德里克·赫歇尔的步骤又做了一次光学实验。

不过区别在于，这一次J•W•里特尔发现的是紫色波段以外的东西。J•W•里特尔的实验中，红色波段几乎不能让氯化银变色，也就是说在热能之外，光线中还隐藏着一种辐射能量。J•W•里特尔继续往下找，紫色波段的反应是最迅速的，而在紫色波段外的暗处，这种让氯化银的纸条由白变黑的能量是最强的。于是J•W•里特尔就在弗雷德里克·赫歇尔的基础上完成了光线能量的补充，他是紫外线的发现者。

学科直通车

红外辐射和紫外辐射的发现打开了科学的一扇大门，我们突然了解到了辐射能量的存在，很多无法解释的东西就有了合理的答案。

比如在天文学上，我们利用红外辐射，形成最好的观测手段。传热感应、热量测试等领域都少不了红外辐射的身影。

红外（IR）辐射一直是天文发现的关键。此外，科学家在进行海洋温度和森林健康等研究时，均使用红外来检测热量。红外传感器还用在防盗警报器、火灾警报器、警用的防火红外探测器上。生物学家发现，许多鸟类和昆虫的眼睛能检测到红外辐射。

紫外线（UV）则能让人们更好地了解太阳辐射以及光谱的高能粒子部分，包括X光线、微波和伽马射线。

紫外辐射更是等待发现和利用的重要能量，在微观领域和高能粒子部分，紫外辐射都在发挥不可预知的功能。

延伸阅读

遥控器的应用

我们现在手边使用的遥控器就是红外线的一个生活应用典范。

为了让遥控器从遥控线上脱离出来，"红外遥控器"的发明成了最佳答案，它不会像"超声波遥控器"那样受到外界的干扰，也不会带着一根讨人厌的绳子。家中的一切电器都

遥控器

可以使用"红外遥控器"。在现代居住面积有限的情况下，"红外遥控器"虽然存在范围上的一些局限，但还是可预知在未来很长一段时间都会是家庭遥控装备的首选。

从此，人们坐着不动，只要手中拿着遥控器，就能任意转换电视频道、调节空调温度和音响音量。遥控器的问世为人们尤其为那些懒人们提供了许多方便。

第八节
激光是怎么诞生的？

我国古代战国时期有一个了不起的发明家叫墨子，这个人在思想上有着非常高的境界，是个大思想家，他还成立了一个学派叫墨家学派。在战火不断的战国时期，这个学派虽然思想上很先进，但却不被各国领导重视，毕竟"兼爱非攻"对于那个比较野蛮的时代来说境界太高，先安天下再来谈也不迟。

但是尽管如此，墨家还是在百花争鸣中不落旁支，这就是因为他们的创始人墨子还有些其他爱好、特长，那就是在物理学上超越时代的成就。

我们现在说的摄影最基本的原理"小孔成像"，两千多年前我们的墨子就已经发现了，还把它记录进了自己的著作《墨子》一书中。

这个记载是有史以来关于光的最早记录，这之后就虚度了近千年，直到近现代才有了光学研究质的突破。

我们来思考一个问题，光是什么组成的？牛顿认为是微粒，惠更斯认为是波动，爱因斯坦等人最后科学论证了光的波粒二象性，也就是说牛顿和惠更斯都赢了。

关于光的争论似乎可以暂停一下了，但是这个看上去像调停人的爱因斯坦却觉得一切刚刚开始。在研究黑体辐射的时候，爱因斯坦想到了一个有趣的理论。他想在受激发射这种发光方式的基础上作些人为介入，这个天才物理学家提出了一个非常厉害的理论——激光理论。

激光光束

激光理论简单来说就是高能级的粒子和低能级的粒子度可能在一定频率的辐射量子作用下发生跃迁，在跃迁的过程中会释放出与射入量子相当的辐射量子。而粒子的受激发射总是与受激吸收同时发生，所以一个粒子受激发射出一枚光子，这个时候再经过谐振腔的加强作用，光振荡会实现光的放大，激光就被人为制造出来了。

爱因斯坦提出这个理论后就等着后人去做实验了，美国人珀塞尔就是他等待的实践人才，珀塞尔在实现了粒子反转后，如愿地观测到约为50千赫的受激辐射信号，其他的科学家们以此为基础制成了微波激射器。

1954年世界上第一台用氨分子作为工作物质的微波激射器诞生了，这台机器是美国科学家汤斯及其学生戈登的杰作，他们不断改进这台机器，最后完成了世界上第一台较为完备的微波激射器。

但是微波激射器并不是激光器，微波和激光的差距不是一点点，激光发射的可见光波长比微波长太多，如果说微波是为了让生活中出现加热米饭的捷径，那么激光就是为了让科幻小说中的武器成为现实。

现在的问题是激光要求谐振腔内激光反馈时产生单一模式振荡，许多国家的实验室都投入到这一研究中来，他们研究发现必须要求谐振腔的尺寸与光波的波长处于同一数量级。于是美国加利福尼亚研究所的梅曼抢在了众人前面，他研制出了世界上第一台红宝石激光器。

紧接其后氦氖激光器、PN 结载流子注入式激光器都相继被研制出来，然后以远超过其他伟大发明的速度，第一时间投入到了实际生产和工业领域中。可以说以前全世界都在等待激光的发明，这种等待终于实现了，我们也已经想明白要拿它干什么了。

从测距、制导到全息照相、视盘甚至武器等军事和经济领域，激光器的研究领域呈现一种全面开花的态势，它的迅速推广进一步加快了人类科学的脚步。

学科直通车

激光发明出来之后迅速地走入了各个工业领域，让各种科技产品都得到了一个相当可观的提升，就好像现在如果有人发明了远超过锂电池性能的储电介质，那么一定会引发一场全世界范围内的科技革命一样。

这里我们要介绍一个激光小发明 —— 激光窃听器，它不需要你再凑到隔壁的墙壁上窃听，也不需要你提前扔一个接收器到屋子里，你只需要把激光产生的那条小红线投到窃听房间的玻璃上，那个房间里面发出的声音都会引发这根小红线的回馈。

经过一定程度的解调以后，你就能轻松听到被窃听点的声音了。

但是，由于激光窃听法对激光的发射点、接收和被窃听点的位置关系要求很严格，又很容易受到外界环境的干扰，激光窃听的效果很容易受影响。

知识小卡片

阿尔伯特·爱因斯坦的名字相信很多人都不陌生，没有听说过相对论也应该知道原子弹，这个人是当时世界上最杰出的物理学家之一，他是基础物理学的开创者、集大成者和奠基者。有趣的是爱因斯坦还是一位著名的思想家、哲学家，甚至还可以称之为音乐家。

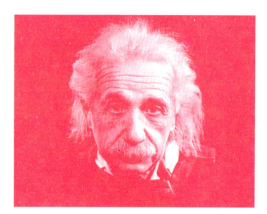

爱因斯坦

第三章
液体和气体

主题引言

　　我们生活在物质的世界里。这个世界上有多少物质呢？很多，很多，多得我们根本就数不清楚。各种各样的物质组成了我们生活的世界。

　　物质世界中有像流水、饮料这样可以流动的液体，也有我们无法用肉眼观察到的充满我们身边的气体。

　　液体倒入容器中，容器是什么样子，它就变成什么样子。如果把它倒在地上，就会流得满地都是。

　　气体与液体之间可以相互转化，促使它们相互转化的是自身所含热量的变化。

　　怎么样，液体和气体是不是很有趣呢？赶紧去探索探索物质世界的各种奥秘吧！

第一节
大气压强的发现

相信每个人都曾经用过钢笔写字，但你是否想过为什么钢笔一接触纸面的时候，纸上立刻就会显现出字迹。是因为钢笔里的墨水一直在源源不断地往外跑吗？可你是否想过：为什么只有在写字的时候，墨水才会跑出来，而你不写字的时候，墨水却能保存在笔管中呢？

我们可以在家中进行这么一个实验：

准备一根细玻璃管，为了方便观察，最好再准备一个盛有水的玻璃杯，把玻璃管插进杯子里，你会发现水会沿着玻璃管内部快速上来，甚至最后上升到了比玻璃杯内的水面还要高的位置。

这是一个著名的大气现象，我们管这个叫作毛细现象。

前面提到了钢笔在写字的时候会流出墨水，其实就是用同样的道理而设计出来的。钢笔笔尖上有一条很窄的细缝，这条细缝能够把笔胆里的墨水送到笔尖。书写文字时笔尖碰到纸张的时候，笔尖的墨水就留在了纸上，纸上有了字迹，就会带动后面的墨水也流出来。

那么为什么平时钢笔的墨水不会流出来呢？

这又是一个新的小实验了，让我们一起来探究这个问题。

首先还是要一个装满水的玻璃杯，然后选择一块硬纸片，盖在这个玻璃杯的上面。这时候轻轻地按住纸片，快速将玻璃杯和那张纸片一起翻转过来，不要犹豫，放开你那只按住硬纸片的手。

这时候你会发现玻璃杯中的水不但没有流出来，而且那张硬纸片也被牢牢地吸在玻璃杯上，也就是说这个纸片托住了一杯水！怎么可能呢，难道是纸片自己的力量？又或者是其他什么力量？

其实帮助纸片托住了一杯水的是大气压强，能让钢笔里墨水不流出来的力量也是这个大气压强，平时不写字的时候，笔胆外面的大气压强永远比笔胆里面的压强大，就能够把墨水保存在笔胆里面。

钢笔

这么了不起的大气压强是什么时候被发现的？那就要追溯到很久很久以前了。

在古代的时候，随着抽水机的出现，大气压强就已经跟我们的生活紧密相连了。

吸取式抽水机是一种古代很常见的机器，那时候的人们并不是真的知道什么是大气压强，他们对于水之所以能够在抽水机中自动上升，只是朴素地解释为自然不允许出现真空。

现在我们已经知道造成这种现象的真正原因，其实就是大气压强的作用。

1640 年工业刚刚起步的时候，意大利有一座繁华的商业城市，就是现在的佛罗伦萨。当时的人们遇到了一个难题，他们有许多 10 米以上的矿坑，这些矿坑无法用抽水机抽出里面的水。

那时候的抽水机只能吸到大约 10 米的高度，这已经是当时的技术上限。无论如何也无法解决 10 米以上的矿坑抽水问题。

幸好这个时候有一个大科学家伽利略，他提出了一个解决方案，那就是：

油比水轻，水银比水重。如果水在抽水机中能升高 10 米，那么油应该升得更高，相反水银的高度应该更低。

年老多病的伽利略没有办法亲自去现场考察和实现他的想法，幸好他有一个很聪明的大科学家学生托里拆利，这个学生在伽利略去世后继续研究这个问题。

水塔

托里拆利最后的实验结果跟伽利略的设想完全相符。水银在玻璃管中上升的高度远远低于净水，只有 2.5 米左右。在这个实验中，真空的问题也得到了解决。

自然界并不是真的那么排斥真空，托里拆利的实验就是一个有力的证据，他真实地揭示了大气压强的存在，并且完美地证明了抽水机能够带动的水的极限高度就是 10 米左右。

学科直通车

潜水员大概是最了解大气压强的人之一，他们每次潜入海底都要被迫和海水的压强打交道。我们的生活中也随时有大气压强的存在。

前面说过古代的人们已经学会了利用大气制造抽水机，这种抽水机的原理其实非常简单，只需要一个两端开口的铁筒，比如一根水管，再配合上一个能够和铁筒内壁贴合的软塞就够了。这种软塞很容易自制，你只需要找一根大小相似的木头，再在木头顶端绑上一块软布就行了。

这种抽水机的原理跟注射器是一样的，打针的时候，就是利用大气压强，把针头塞入密封的药瓶里，然后提起注射器的活塞，因为注射器前端的气体小所以压强也小，药瓶中的药液在大气压强的作用下，被抽入了吸管中。

再往生活中去找，我们可能都用过吸管，但是吸管是用了什么原理呢？也是大气压强，才能让那些液体顺着吸管爬上来。

我们灌溉庄稼的时候，水都是自己喷出来的，这也是大气压强，我们称之为"虹吸现象"。

延伸阅读

意大利的托里拆利（1608—1647）是最早通过实验来验证了大气存在的科学家，现在所使用的气压计，实际上就是根据托里拆利的实验为蓝本，精密加工后形成的仪器。

现代常见的气压计有两种：第一种是水银气压计，第二种是无液气压计。这两种气压计的用途是类似的：

1. 用来预测天气的情况。气压高时通常天气比较晴朗；低气压意味着有风雨天气。

2. 用来预测高度。气压计内的水银柱会随着高度升高而降低，大概是 12 米降低约 1 毫米，这就可以准确定位山的高度，也可以确认飞机的空中高度。

第二节
浮力定律的发现

提起浮力定律就必须提到一个叫阿基米德的人，因为阿基米德就是浮力定律的发现者。这个了不起的古代著名科学家的名字甚至被用来命名浮力定律，所以浮力定律也称为阿基米德定律。

叙拉古国的国王西罗交给珠宝工匠一锭金子，他提前称过金子的重量，希望工匠将其制作成一顶纯金的皇冠。珠宝工匠夜以继日地工作，最终制成了一顶精美绝伦的皇冠。

国王是个非常多疑的人，他虽然十分喜欢这顶皇冠，但是他却担心工匠在铸造的过程中使了手段，通过掺假盗走了一部分黄金。

阿基米德

国王召集大臣们想办法，判断这顶皇冠中间是否掺有其他东西。大臣们都束手无策，国王只好找来了他御用的宫廷科学家阿基米德。

阿基米德对这个问题非常感兴趣，答应了国王的请求。他回到家后就一直在思考解决的方法，但是他思考了很多天还是一筹莫展。日子一天一天地过去了，阿基米德冥思苦想、茶饭不思也解决不了这个难题，他几乎想要放弃这项挑战了。

国王却不知道阿基米德已经准备放弃了，还专门派人去催阿基米德汇报情况。这时候因为昏天黑地的工作让阿基米德看上去胡子拉碴的，他总不能一副脏兮兮的样子去见国王，于是阿基米德跳进了自己的浴盆里。

浴盆里的阿基米德没有放弃思考，他还在想着困扰自己的那个问题，浴盆里的水不知不觉中就已经放满了，甚至开始有水溢出盆外。

阿基米德敏锐地发现，当他整个身体沉入浴盆的时候，浴盆中的水马上就会溢出来，同时他的身体也会略略往上漂浮，水溢出来的多少和他的身体浸没在水中的部分是完全相同的，他感觉到水的浮力托住了他。

就是这么一个在别人看来司空见惯的现象，给了天才科学家阿基米德灵感，还在泡澡中的阿基米德欣喜若狂地跑出了浴盆，直接裹着浴巾就冲到了皇宫里，他知道他发现了一个极其重要的科学原理。

阿基米德衣冠不整地来到皇宫，他希望国王允许他先做一个实验。

国王当然只能同意这个充满自信的天才的请求，于是阿基米德做了这样一个实验：他要求国王取来与皇冠一样重的一块白银和一块黄金，然后在大臣们的面前，依次将白银、黄金和皇冠放进水桶中，并且准确地测量水的溢出情况。这个时候阿基米德发现白银、黄金和皇冠放入水桶中排出的水是有差异的，皇冠的水量刚好在黄金和白银之间。答案就很简单了，这个皇冠不是纯金的，它很可能是金、银的混合物。国王很愤怒，那个珠宝匠自然受到了惩罚。

这个了不起的发现对阿基米德来说是一件意义重大的事情，之后他没浅尝辄止，而是又进行了反复实验，最后成功地发现了伟大的浮力定律。人们为了纪念他，就用他的名字来命名浮力定律，也就是阿基米德定律。

学科直通车

在陆地上搬起一块较大的石头需要用很大力气，在水里你会发现容易了很多，这就是浮力在起作用。

为什么会出现这种情况呢？因为浸入液体（或气体）中的物体会受到浮力的影响，这个时候它本身的重量会减轻，这个减少的程度刚好等于它排开的液体（或气体）体积所具有的分量，我们将这种重量损失，称为物体受到的浮力。

如果我们将烟盒里面的锡箔包装纸捻成一个银色的小球，并且把它压实后放入玻璃瓶中，玻璃瓶里面装满水，然后瓶口装一个本身有吸力的挂钩。这个时候你用不同的力量去按压挂钩，就会看到一个有趣的现象：玻璃瓶里的小球会随着你的按动而上升、下降或在中间。

这是因为锡箔本身是重于水的，之所以小锡箔球能够漂浮在水中，正是因为小球中存有大量的空气。手指所施加的压力，被水传播，压缩了球中的空气，它们的浮力减小，所以就下沉了。

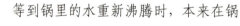

延伸阅读

有经验的人在煮饺子的时候，往往不会冷水下锅，而是在水沸腾之后才将饺子放进锅里，这个时候饺子的重力大于浮力，饺子会下沉到锅底，因此要在饺子下锅的时候用勺子轻推锅底。

煮饺子

等到锅里的水重新沸腾时，本来在锅底的饺子变得饱满圆润了，饺子就浮到了水面上，偶尔也有部分饺子会悬浮在水中，因为它们的浮力和重力是相等的，这个时候可以再加点儿凉水，等到再次沸腾时就可以捞出来吃了。

这其实就是利用了物理学上的浮力定律，因为从浮力学的观点看，包饺子的面在进入沸水中后，会有一个从生到熟的过程，饺子本身的密度会由大变小；因为包饺子的时候把空气也一起包到饺子里了，而这些空气封闭在里面出不来，煮饺子的时候，饺子受热后就会使里面出不来的空气体积膨胀，所以我们看到熟饺子的体积要大一圈。

生饺子刚下锅的时候重力大于浮力，这个时候饺子会沉在锅的底部。煮熟的饺子浮力大于重力，这个时候饺子会上浮到水面。

如果注意观察的话，你会发现把饺子捞到盘里或碗里，饺子遇冷，里边的空气收缩，出锅后的饺子就又变小了。

第三节
不会淹死人的海

世界上有一个海，这个海不会淹死人。真的有这么神奇的海吗？这个海就在约旦和巴勒斯坦交界处，它就是我们常说的死海。

死海是世界上海拔最低的一个湖泊，湖面低于地中海海面398米，现在已知的露出陆地的最低点就是死海。

死海总长80千米，宽4.8千米～17.7千米，总面积1020平方千米。死海拥有很多个世界之最，首先它是世界上最深的湖，最深处395米，最深处的湖床海拔800米。同时死海也是世界上最咸的湖，它的湖水盐度达300g/L，盐分高达27%。

死海之所以叫死海，是因为一般鱼儿和其他水生物，都难以在死海中生存，而且死海的岸边及周边也没有植物生长。因为死海湖中和湖岸都富含盐分，这样的水中，只有细菌和绿藻能够活下来。

事实上如果你愿意去泡个澡，你完全可以舒服地躺在死海上，不

死海

需要游泳的任何技巧也不需要闭气。你完全可以左手打把伞遮住炙热的阳光，右手拿一本书仰躺着在死海上阅读。

其实在家里也可以做这样的实验，在浴缸里面放入足够的盐，你会发现因为水的含盐量太大，你想要让自己的身体贴在浴盆底上，都需要花费很大的力气。

注意观察的话，你会发现船的侧面吃水线附近有一种"鲁意记号"，这个记号是用来标明船在各种密度的水里的最高吃水线的。因为在不同的海里有不同的吃水线要求，根据水的含盐量不同，船身的吃水深度也不一样。有了"鲁意记号"，我们就能判断船只满载时在各种海水里的最高吃水线：

在淡水里（Fresh Water）·················FW

在印度洋，夏季（India Summer）·················IS

在咸水里，夏季（Summer）·················S

在咸水里，冬季（Winter）·················W

在北大西洋，冬季（Winter North Atlantic）·················WNA

死海已经很厉害了，但还有一种叫"重水"的水更加厉害，在"重水"里面想要淹死自己很困难。这种水来自于科学家们的发现，它的密度是 $1.1 \times 10^3 kg/m^3$，也就是说这种水的不含杂质的纯态非常重，是普通水的一倍以上。

"重水"的化学式是 D_2O，和普通水的 H_2O 是完全不同的，因为"重水"化学成分中的氢原子比普通氢原子重一倍，所以它的符号就被记做D。"重水"并不是什么稀罕的东西，就是普通水里也含有很少量重水，100升水里大约含有20毫升吧。

学科直通车

你可以在家里做一个小实验，制造一个小小的"死海"。

在一个玻璃杯中放入一个鸡蛋，鸡蛋会沉下水中去，然后你不断往水中加盐，随着盐分的不断增加，液体的密度不断增大，你会看见鸡蛋慢慢地浮起来。

根据阿基米德定律，液体的密度决定了浮力的大小，淡水的密度约等于 $1g/cm^3$，这时候鸡蛋会沉下去，因为鸡蛋的密度大于 $1g/cm^3$。那么随着杯中盐水的密度不断增大，鸡蛋所受浮力就越来越大，直到最终超过鸡蛋自身的重力，这时候鸡蛋便在盐水中上浮。

盐水浮鸡蛋实验

小小故事吧

死海是一个有趣的地方，关于死海的来历还有一个故事。

据说远古时候死海并不是海，而是一片辽阔的大陆，这里有着一个巨大的村落。

但是村里的男子做了许多糟糕的事情，先知鲁特来到这里，希望他们能够改邪归正，那样就能够得到宽恕。结果这些男子不但拒绝悔改，还妄图加害先知。上帝因此非常愤怒，他宣布一定要惩罚这些犯罪的男子，上帝谕告鲁特立刻带上自己的家眷离开村庄，并要求鲁特绝对不能回头，离开村庄以后一直往前走，不管听到什么声音，不管内心多么恐怖，都要坚持前行，绝对不能回过头去看。

鲁特是个很虔诚的人，他按照规定的时间准时离开

死海风光

了村庄，就在他离开的时候他就听到了后面巨大的声响。鲁特没有回头，他继续往前，但是他的妻子不够坚定，就回头望了一眼。

只见身后的村庄莫名其妙地全部塌陷了，出现在鲁特妻子眼前的是一片汪洋大海，这就是现在我们说的死海。

鲁特妻子因为违背了上帝的告诫，立即变成了石头人。传说中鲁特的妻子仍然立在死海附近，随时都扭头望着死海的方向。

这显然只是一个神话故事，是人们在无法科学认识死海形成过程时的一种艺术处理。事实上死海的形成是自然界变化的结果。

第四节
"奥林匹克"号的悲剧

说到世界上最大最豪华的邮轮，你一定会想到电影里面大名鼎鼎的"泰坦尼克"号。其实，世界上还有一艘叫作"奥林匹克"号的邮轮，其规格也是当时世界上最大最豪华的，关于它的故事也同

样具有历史意义。

1912 年的某一天，"奥林匹克"号正顺利地在大海航行，就在离"奥林匹克"号不到百米远的地方，一艘叫"霍克"号的巡洋舰正在与它平行行驶。"霍克"号只是一艘 7350 吨重的皇家海军巡洋舰，相较之下，45000 吨重的"奥林匹克"号就像是庞然大物。

但是不知道发生了什么事情，"霍克"号不受控制地向着"奥林匹克"号冲去，直到最终撞在"奥林匹克"号的船舷上。

面对这艘巨舰上的大洞，两位船长互相指责，最后英国海事法庭的法官判处大船"奥林匹克"号承担责任，判决的理由是"奥林匹克"号没有及时发出命令，留出时间去规避横着开来的"霍克"号。

根据这个判决书可以知道当时没有人明白海上到底发生了什么，一切事故的原因都被归结为船长的调度失当。其实这里发生的事情在历史上并不罕见，以前也发生过两艘船平行前进时互相吸引的情况。

"奥林匹克"号出事的原因就是因为它和"霍克"号相距很近的时候，两艘船虽然是看上去平行向前航行的，但是在这两艘船的中间，水流的运行速度因为船的动力，明显比两船外侧的水流速度要快。

这个时候流水的速度出现了变化，它对两艘船内侧的压强也发生了变化，内侧压强明显高于外侧压强。船身无论多么巨大也比不过大海，在外侧水的压力作用下，体形比较小的"霍克"号巡洋舰最先被带动，不受控制地撞上了"奥林匹克"号。

在巨舰出现之前这种吸引并不是致命的，但是现在的海洋开始热闹了起来，随处都航行着"漂浮城市"般的巨大轮船，这种吸引就成了一个完全不能预料的情况，船在大海里相互碰撞的情况显得严重和显著起来。

学科直通车

我国唐代著名诗人杜甫的《茅屋为秋风所破歌》有诗句曰："八月秋高风怒号，卷我屋上三重茅。"

火车

这话怎么科学解释呢？其实刮风的时候空气的流动速度等于风速，那么空气的压强就变小了，室内吹不到风，空气的压强维持原样，这就形成了室内外的压力差也越来越大。如果风继续越刮越大，一旦风速超过一定程度，这个压力差就会"哗"地一下变成巨力，甚至掀起来整个屋顶。

去铁路边的时候，大人一定会告诉你，不要站在离路轨很近的地方，这是因为火车飞速而来时，疾驰而过的火车速度快，带动了周围的空气气压减低，就会对站在它旁边的人产生一股很大的吸引力。

如果火车以每小时近百公里的速度前进，就会对站在铁轨旁边的人产生十几公斤的拉力，这是非常危险的！同样的道理，涨水的时候，到水流湍急的江河里去游泳是很危险的事，因为江心的水流以5km/s的速度流动时，河水中的人会受到30kg的推动力，这是多么危险的事情！

延伸阅读

飞机为什么能够上天呢？

飞机上天的秘密就在于它的两对机翼上。坐过飞机的人注意观察就会发现，飞机机翼的横截面上下的形状是不对称的，为了形成向上的升力，机翼上方的流线会做得更密，让流速增大，而下方的流线就做得比较稀疏，让流速减小。

飞机

这其实是利用了气流学的知识，让机翼上方受到的压强减小，而让机翼下方受到的压强增大，气流就会产生托举效应，这就产生了作用在机翼上的升力，飞机也就飞起来了。

第五节
气球的产生

我们经常会看到重要的节日里，为了庆祝，城市中、宾馆里甚至家里，到处都会挂起五彩缤纷的气球。气球真是个喜庆的小玩具，是谁发明了这些气球呢？

早在汉武帝时代，气球就已经出现在了我国的历史上。

那时候的人制作的气球属于薄壳灯笼，灯笼用非常细的篾丝来支撑，然后在这个骨架上糊上薄纸，只在下面留个小小的口。

这个时候祈福的人会把点燃的一小截蜡烛放进这个小口子，然后神奇的事情就发生了，灯笼不但不会着火，还会慢慢地向天空升上去，只在蜡烛燃尽后才落下。我们现在玩的孔明灯，是三国时代的诸葛亮发明的，他用薄壳灯笼做成了热气球，甚至可以作为夜间的军事行动信号。

外国有历史记载的气球出现时间比较晚，直到 18 世纪初才出现。当时，法国的化学家布拉克

热气球

在 1780 年把氢气灌入猪的膀胱中，氢气的重量远远低于氧气，这个膀胱就飘了起来，这就是世界上最早的氢气球。

两年后，法国的约瑟夫·孟特戈尔菲尝试用绸布做了一只口袋，然后让炊烟和热空气进入口袋，这个口袋一直升到了天花板，这可以算是欧洲历史上最早的热气球了。

这些实验一旦开始便一发不可收拾。1783 年在法国的米也特堡市广场上，第一次热气球载人飞行实验正在进行。人们利用已有的气球方面的知识，做了一个巨大的热气球。这个热气球下面放了一个篮子，里面装了两个勇士和大量的干草。

勇士们点燃了气球下方的干草，热空气充满整个气球，这个巨大的热气球就飘了起来，它带着两个勇士升到了 300 米的高空。这个巨大的气球随风飘浮，一直升高到超过当时最高的楼房，然后才慢慢下降，两个勇士平安降落。

当然除了热气球以外，氢气球也没有被遗忘，人们也试着使用氢气球来载人飞行。

同年，又有两个法国的冒险家，他们乘坐了一只氢气球，向着蔚蓝的天空发起了挑战。

氢气球的滞空时间比干草动力的热气球更强大，这次旅程一共历经了两个多小时，整个飞行的全部航程达到了 32 千米，一直到了傍晚的时候，氢气球才在暮色中落下。

有趣的是，降落后，其中一名勇士先跳出了舱，没想到突然的重量骤减，让这个氢气球又飞了起来，一直上升到 3000 米的高空中。另一位幸运的勇士那一天在半空中又见到了一次落日，这也是世界上第一个在同一天先后见到两次落日的人。唯一的苦恼是高空实在太冷了，这位勇者差点因氧气不足而牺牲。

现代的气球往往只允许升高到 7000 米左右，就是因为再往高处走，温度和氧气都不能满足人体，而且还有超高的紫外线，除非使用密封金属舱的气球。高密封金属舱气球诞生于 1935 年，据记录，这个气球一直上升到了 20 多千米的高空。

现代的氢气球在各个行业的运用都很广泛，比如装有转播设备的氢气球，它可以用来转播电视，费用只有地面同等转播能力转播站的五分之一，覆盖的范围却可以达 200 千米。韩国曾经送出过一个 7000 立方米带有转播设备的氢气球，这个气球的转播半径绰绰有余地覆盖了整个韩国。

学科直通车

热气球的升空高度是非常有限的，但是氢气球却可以升到几十千米处，造成这种差别的原因是什么呢？

这是因为这两种气球升空的原理是完全不同的。热气球不是封闭的，到了高处以后，很难让热气球里面气的密度低于外面大气的密度，所以空气密度低到一定程度的时候就不再上升了。

氢气球则是全封闭的形式，可以说位置越高、外面的空气压强越小的时候，这个气球内压反而把气球胀得更大，氢气球所受的空气浮力也就更大了，所以如果不作人为控制，氢气球完全可以到非常高的地方去，除非气压的差异大到让氢气球爆炸，它才会掉下来。

延伸阅读

传说孔明灯是诸葛孔明发明的。相传诸葛孔明被司马懿围困的时候，他想方设法对外求救，但总是不成功。不过，诸葛孔明这么聪明的一个人，他自然不会束手就擒，而是继续冥思苦想。一天夜里，他灵机一动，发明了孔明灯。

精通天文地理的诸葛孔明在算好风向后，将求救讯号挂在孔明灯上，果然成功地将消息传了出去，也解了自己的围。

第六节
潜水艇的产生

很多人都听说过潜水艇，但是很少有人知道潜水艇的原理。

其实潜水艇的设计很简单，潜水艇设计有多个蓄水舱，就是通过这些蓄水舱改变自身的重量，来实现预期的上浮和下沉。比如当潜艇要下潜的时候，蓄水舱中就会注入海水，这样，潜艇重量增加，自然就沉了下去。等到需要上浮的时候，就把多余的水排出来，潜艇就升上去了。

英国科学家威廉·伯恩是最早提出潜水艇构想的人，而荷兰物理学家科尼利斯·德雷普尔则贯彻了威廉·伯恩的想法，将他的理论变成了现实。

德雷普尔在英国国王詹姆斯一世的支持下，造出了世界上第一个潜水艇。

这艘潜水艇用一个木头架子作支架，外层蒙上了一层涂油的牛皮，从外形上来看就像一个大皮囊，体内装有作为压缩水舱使用的羊皮囊。德雷普尔发明的这个东西可以在水中任意沉浮，还能划行。如果需要潜艇下沉，就将水装入羊皮囊内；如果需要潜艇上浮，就将羊皮囊内的水排出。

潜艇

为了向世人证明自己的发明，德雷普尔在泰晤士河上进行了多次航行试验，让世界上的人都认识到了水下航行的可能性。

潜艇第一次登上战争舞台是在美国的独立战争中，在华盛顿将军的支持下，耶鲁大学的科学家戴维特·布什内尔研究起了军用的潜水船。

这艘历史上著名的潜艇——"海龟"艇诞生了，这是打击英军的有效方法。"海龟"艇因为外形酷似海龟而得名，它的上部装有一根很长的通气管，在潜艇上浮的时候可以打开，下沉的时候可以关闭，为潜艇内部补充空气。

为了控制潜艇的上浮和下沉，"海龟"艇设计了专门的压载水舱，只需要用手泵的形式就可以控制潜艇内的水。必要的时候还可以抛掉艇内那一块近百千克的铁块，这样就可以让潜艇迅速上浮。

"海龟"艇的运动主要是通过人力驱动的螺旋桨，这个螺旋桨有水平方向和垂直方向两个，需要两个驾驶员配合来完成。"海龟"艇的武器也比较简单，就是挂在艇体外面的炸药包，通过人工悬挂的方式来攻击。

可惜还很简陋的"海龟"艇并没有很高的战斗价值，当时的上士埃兹拉·李驾驶着"海龟"艇进攻英军。埃兹拉·李好不容易潜到了战舰"鹰"号的附近，但是他花了半个小时也没能在"鹰"号上打出放置炸药包的固定孔，于是可怜的埃兹拉·李只好郁闷地返航。

"海龟"艇毕竟只是现代潜艇实战的一个开始，虽然没有取得战果，但是不要紧，因为它已经切实揭开了人类历史上潜艇实战的序幕。我们的战场已经从陆地、水面一直发展到了水下，"海龟"艇也赢得了世界上"第一艘军用潜艇"的美名，成了世界潜艇发展史上举足轻重的角色。

随着工业革命的迅猛发展，现代潜艇的创造者爱尔兰人约翰·霍兰出现了，他被后人尊称为"现代潜艇之父"。

约翰·霍兰的代表作就是在现代潜艇发展史上著名的"霍兰"号。这艘长约15米的潜艇采用双推进方式，它装有45马力的汽油发动机，在水面航行时直接使用汽油机，能以7海里的时速，持续航行达1000海里；它还装有以蓄电池为动力的电动机，专门在水下潜航时使用，能够以5海里的时速，持续航行达50海里。

这种现代化的潜艇需要5名艇员，可以装载1具鱼雷发射管、3枚鱼雷，以及2门需要靠操纵潜艇自身去对准目标的火炮，1门朝向前，1门朝向后。"霍兰"号潜艇以机动灵活的优异性能和综合良好的表现，获得了前所未有的成功，在潜艇发展史上被公认为"现代潜艇的鼻祖"。

📚学科直通车

潜艇在第一次世界大战时就已经被大量投入到战斗中，1914年9月，一艘来自德国的U-9号潜艇战斗力非常惊人，它在短短的时间内就击沉了3艘英国巡洋舰。战后统计数据显示，一战中的潜艇一共击沉了将近200艘战斗舰艇，5000余艘商船。潜艇被用来攻击海洋交通线上的舰艇已经成了最优的对抗方式，其中被德国潜艇击沉的商船约1300余万吨。第一次世界大战期间，反潜战受到重视，这场战役里面损失的潜艇也不少，总计被击沉265艘，其中200余艘都是属于德国的。

💡相关阅读

"蛟龙"号是我国自主研制的载人潜水器，2011年7月成功下潜，进行深度为5000米的极限载人深潜试验。

这次测试中的"蛟龙"号，将把中国大洋协会的标志和一个木雕的中国龙安放在深度为5182米的海底，同时进行对深海海水

"蛟龙"号

及生物的采样工作。这标志着我国在继美、法、俄、日四大霸主之后，成功成为世界上第五个掌握深潜技术的国家。

第七节
沉船打捞方法

巨大的海底密布着无数的沉船，如果没有合适的打捞方法，它们就不会有重见天日的机会。这些航行在海上的船舶因为种种原因，导致海水灌进船舱，船舶失去了足够的浮力而沉没。

如果想要实现打捞沉船的愿望，就必须让沉船恢复浮力，这就是浮力打捞法的由来。

浮力打捞法并不是什么新鲜的东西，我国古代的怀丙和尚就用过这个方法。他把绳子的一头拴在自己坐过来的船上，同时在这个船上放满了泥沙，绳子的另一头拴在要打捞的船上，这个时候怀丙和尚命人把船里的泥沙抛出去，随着他坐过来的船的质量减轻，巨大的浮力就将沉船拉了上来。

现在打捞沉船的方法则各种各样，其中有一种叫作浮筒打捞法。浮筒是一种不会漏气的空铁筒，它本身的重量大概是 50 吨，而它的体积大约是 250 立方米。它能排开的水有 250 吨，两个浮筒只有在装满水的情况下才能沉入海底。

浮筒打捞法是将若干浮筒先拿到水下，然后在水下进行充气，借助浮筒的浮力，让沉船能够随之浮出水面。这种方法比怀丙和尚要高明很多，浮筒产生的水浮力又大又可靠，而且施工方便也安全，著名的"萨特阔"号就是利用浮筒打捞法打捞起来的。

"萨特阔"号 1916 年沉没在白海里。这艘帝俄时代的破冰船在海底躺了 17 年，终于被惦记它的人们想起。当时为了捞船，人们在沉没的船体下面的海底上掘了 12 条沟道，潜水手在每条沟道里穿过一条钢带。然后把这些钢带的两头固定在浮筒上。这次使用的浮筒是标准配置，长11米，直径5.5米。用软管往浮筒里注入压缩空气，只需要大于其内部三个半大气压的压力即可把筒里的水排出来。当时使用了四个

打捞沉船

左右大气压的空气往筒里压，于是浮筒不断提升浮力，四周的水用巨力把它们推向海面，伴随这24个浮筒一起，"萨特阔"号被高达2400吨的浮力稳稳托住，轻松地浮出水面。

学科直通车

沉船打捞的方法非常多，不同的打捞方法适合不同的情况。

1. 恢复浮力法，适合打捞沉没于江河或近海较浅水域的沉船、沉物。

2. 浮船坞打捞法，适合打捞沉没于远海或大洋深处水域的沉船、沉物。

3. 围堰打捞法，适合打捞沉没于较小水塘的沉船、沉物。

4. 水下解体打捞法，适合打捞不能整体打捞的沉船、沉物。

其他还有包括浮力材料法、充气打捞法、泡沫打捞法等，当这艘沉船没有任何值得打捞的价值，仅仅就是占据了航道，需要处理的时候，直接在水中用炸药炸毁即可。

小小故事吧

怀丙和尚是北宋河北真定（今河北正定县）人，我国古代著名的科学家、工程家。

怀丙和尚是一个聪明善思的人，除了沉船打捞以外，他还解决过许多其他在当时谁也解决不了的工程难题。

宝塔柱子坏了，这根柱子刚好在正中，就导致整个宝塔都向这柱子倾斜的西北方倾斜，怀丙和尚就另做了一根柱子，直接把倾斜的柱子换了下来，于是就把整个宝塔给扶正了。

赵州洨河的石桥时间长了要倒了，怀丙和尚觉得可惜，就号召村民捐助石块，怀丙和尚在桥下石头中凿洞，然后溶化铁水横贯其中，扶正了石桥。

第四章
热与能

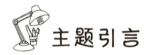

主题引言

　　我们生活的地球有着寒冷的冬天，温暖的春天，炎热的夏天，还有凉爽的秋天，四个季节给了我们不同的温度感受。太阳每天源源不断地为生活在地球上的人们提供着热和能量。

　　你肯定知道温度计是用来测量体温的，但是你不一定清楚它的工作原理；你肯定见过炎热的夏天天空下起了冰雹的现象，但是你不一定知道冰雹形成的原因。你想知道人工降雨是怎样实现的吗？你想知道人们对太阳能的利用还有哪些吗？

　　这个章节我们将解答你对热与能的许多疑问。

第一节
温度计的发展史

从伽利略设计的那支玻璃管开始，人们一步步制造出神奇的魔棒——温度计。它替人类体味世间的冷暖，帮助我们保持身体健康。那么这支魔棒是怎么发明的呢？

大家肯定都对温度有所感知，夏季的酷热，冬季的寒冷都是一个相对概念，我们知道火烫手，冰刺骨，但是却不知道它们为什么会烫手和刺骨。人类虽然对大自然中的温度有所感受，但是要具体到数据上却非常困难，高温，到底什么程度才算高，我们是不是需要一个鉴定的标准呢？

当然需要，温度这种看不见摸不着的东西当然也需要一把测量的尺子。

古人其实已经想过很多法子，比如结冰的情况反映这温度已经低到了某个阈值，但这还是不精确的。真正让温度变得确定起来的是大家熟悉的人——著名的意大利科学家伽利略。

传说中，伽利略经常琢磨温度和健康之间的关系。那个时候感冒也是一个大毛病，而一感冒马上就会伴随发热，同样如果受伤了发生感染，也会伴随发热。于是伽利略领悟到了中医里面的基本原理，原来生病与体温变化有很大的关系。

虽然这个领悟并不算先进，但是伽利略作为一个伟大的科学家，他的优势在于他可以把想法都变成一个个可爱的小发明。比如这个时候，他就希望自己能够发明一种测量温度的工具。

我们说伟大的发明往往是在不经意之间得到灵感的，伽利略也不例外，这次的灵感来源是一个玩玩具的小孩。

小孩手中的玩具其实并不是什么新鲜发明，越是有历史的玩具越是有内涵，比如中国的九连环，历久弥新充满魅力几千年不衰。这个小孩的玩具也有类似的历史，那是古希腊人创造的。

玩具本身的结构很简单，就是U形的玻璃管一枚，然后一端用铅球密封，一端用玻璃球密封，U形管中还要有一部分水和空气，如果用火去烤那个铅球，U形管中的水就会退缩。不烤铅球了，水就会升到原来的位置。这个原理现在的小孩子都知道，那就是热胀冷缩。

伽利略看到这一切，很快就发明了一件东西，也就是空气温度计的雏形，那是一根细长的玻璃管，一头是空心圆球形，另一头则是有颜色的水。

温度计倒插入盛有水的容器中时，随着水中温度的变化，玻璃管中的水位就会随之升高或者降低。当这种升降有了一定的规律后，我们就可以在玻璃管上刻上刻度，这些刻度就是我们测量使用的数据了。

空气温度计已经问世了，那么体温计的出现也就不远了。帕多瓦大学医学教授桑克托留斯是伽利略的朋友，他看到朋友取得了这么伟大的发明，很为朋友感到骄傲，但是他发现朋友本末倒置，忘记了最初发明温度计是为了测量人类的体温，帮助治疗。

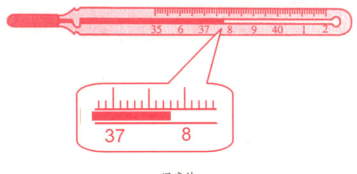

温度计

于是桑克托留斯代替伽利略完成了这件伟大的事情，他按照自己的设想和诊病需要，在伽利略的气体温度计基础上进行了改良，于是世界上第一只体温计诞生了。

但是，这个时期的温度计，因为温度计下端与大气相通，玻璃管里面的水位同时受到温度和大气压的影响，这就造成了只有相对温度没有绝对温度的局面。

伽利略的学生斐迪南在老师年迈后承担起了实验室里的研究工作。斐迪南决定用液体代替温度计中的空气，折腾了上千种不同的液体后，斐迪南的酒精温度计横空出世了。酒精蒸气会在加热后赶跑玻璃管中的空气进而将管口封死，大气压对温度计的影响就不那么明显了。但是，酒精也有弊端，它的沸点太低了，100℃是生活中很常见的一个温度，在非高原环境下我们烧开一杯水就需要这个温度，但是酒精的沸点只有78℃，所以把酒精温度计丢入沸水里，你只能看到一片雾蒙蒙的水雾。

又过了很多年，终于有人找到了代替酒精的新东西，那就是法国天文学家布里奥发现的水银，现代的水银温度计已经是应用最广泛的一种温度计了。

学科直通车

体温计的作用很广泛，家里最好能随时准备一支。

人体通常的体温是37℃，各个个体之间略有差异，甚至同一个人早晚都有差异。比如女生的温度要比男生低一些，小孩的温度要比成人高一些，早晨要比晚上略低一些。只有在体温超过一定温度时才预示着人体可能出现了疾病，比如发烧、感冒、发炎等。

延伸阅读

通过前面的阅读，我们知道伽利略设计的那支温度计的原理是热胀冷缩。世界上有很多物体都具有热胀冷缩的性质。比如乒乓球瘪了怎么办？用开水烫！因为乒乓球里的空气受热后会膨胀，那么本来瘪了的地方自然就会慢慢复原。

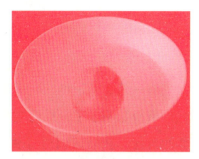

开水烫乒乓球

如果你留神观察，你会发现在我们的日常生活中，物体热胀冷缩的例子数不胜数。物体热胀冷缩的性质给人们带来了很多方便，但也同时带来了不少麻烦，因此我们要善于合理运用原理，好好利用热胀冷缩为人们服务，采取措施避免它带来的麻烦。

比如夏天的时候如果去架电线，就不能让线绷得太紧，不然到了冬天，天一冷就给抻断了。同样的道理冬天铺设铁轨时不能太密，铁轨之间留下合理的空隙，夏天的时候，这些铁轨受热就会膨胀，不留空隙就可能导致铁轨外凸，火车也就危险了。

日常生活中，比如夏天给自行车打气，就不能打得太足，否则在骑行的时候因为空气受热膨胀导致内胎爆裂，那就得不偿失了。

其实，并不是所有的物体都是热胀冷缩的。比如夏天我们为了快速冰镇一下啤酒，可以将啤酒放在冰箱冷冻室中，但如果时间过长，啤酒瓶就会炸裂。这是由啤酒瓶受冷收缩而瓶中的水结冰后体积膨胀造成的。

第二节
神奇的物态变化

有一只猴子很馋，它看到火里面有栗子，但是火还没有熄，它就已经饿得受不了了，很想吃那个栗子。猴子在寓言故事中经常扮演奸诈的角色，这一只猴子也不例外，它就去骗旁边也在等着吃栗子的猫咪，猴子用激将法对猫咪说："你们猫咪胆子最小了，肯定不敢伸手去把栗子取出来。"

这只猫听了猴子的话之后，就伸手去火中抓栗子了，小猫咪虽然把栗子抓了出来，但是手疼得很，就把栗子给扔了。猴子立即把栗子捡起来吃了。

这则故事告诉我们有些事情是不可为的，比如说你要伸手去火中取东西，这就很危险。但是，现实生活中却有很多敢将手指伸进熔化铅液中、敢从嘴里喷出火焰、敢用肉掌直接炒菜的人。吉尼斯世界纪录上记载，一个世界纪录保持者在燃烧着的650℃的木炭上步行了大概7.5米远。

上面说的那些勇敢的人，不过是利用了一个很简单的物理原理。潮湿的手指为什么可以迅速插入高温熔液中？因为手指是潮湿的啊，这层指头上包裹的水气在遇到高热的时候，它会受热汽化，这样就在手指上形成一个视觉无法察觉的薄薄的蒸汽层。

热在固体中传播最快，液体其次，在气体中最慢。所以热的这种性质决定了蒸汽层在短时间内具有隔热防护功能。

至于从火炭上跑过就好解释多了，那些能够跑来跑去的人都有一个特征，汗脚！他们脚底要有水才能保证不被烫伤，最好的水源就是自己身上的汗水。脚底接触炭火的时候，脚底的汗水就汽化了，脚底也就有了一层蒸汽层防护膜。

📚 学科直通车

自然界中我们常见的物质的三种状态分别是固体、液体和气体，这三种状态之间经常发生互相转化，我们将这种转化称之为物态变化。

我们生活中有很多与之相关的现象，比如刚出锅的鸡蛋，伸手去抓还不是很烫，等到鸡蛋表

小孩游泳

面干了再抓，那就烫得很了。又比如游泳的人最常遇到的事情，刚从水里出来的时候会觉得比较冷，为什么呢？那是因为你身上的水珠在蒸发，就会带走一部分身体温度，所以夏天游泳也要注意保暖，出水后记得用毛巾擦干。

💡 延伸阅读

冰雹是一个很有趣的气象现象，但是对庄稼、建筑物的伤害很大。

形成冰雹的原因也跟物态变化有关，首先是雨在落下的时候遇到了足以结冰的冷空气，也就是 0℃ 以下的冷空气；雨凝固成冰块还不要紧，关键是这些冰块还遇到了上升风暴，冰块被吹进了热空气层里。

冰雹

冰块一受热就融化了一部分变成蒸汽，但是这层水蒸气凝结在冰块四周阻止了冰块继续融化。那么冰块继续下落，这个时候跟 0℃ 以下的冷空气再次相遇了，冰块外面又是一层冰块，反复几次自然就变成了不容易融化的大冰块，就算从高空落下还是结冰的形状，也就是我们看到的冰雹了。

第三节
人工降雨的产生

夏天没有冰箱可真是太难受了，对于已经习惯依赖制冷来生活的现代人，如果突然面临停水停电你怎么让自己舒服一点呢？

普通人也许会束手无策，科学家才不会让自己的智商和特权没有地方使用呢。朗缪尔在他家的冰箱无法制冷的时候，就使用了干冰作为替代品。

朗缪尔也是抱着病急乱投医的心情，他把干冰放进了冰箱的冰室，但是让他意想不到的一幕出现了，干冰在冰箱中突然形成了大量飞舞盘旋的小冰粒，无数雪花落了下来。朗缪尔的偶然之作，诞生了一场人工降雪。

朗缪尔认为干冰具有独特的凝聚水蒸气的作用，按照这个理论来看，干冰就可以自发形成作为"种子"的云中冰晶或冰核。

我们说降雨的条件之一是冰核，条件之二是温度降低，干冰几乎完美地实现了这两个条件。于是朗缪尔继续在自已家里玩着小型的降水实验，在他搭配的完美干冰试剂里面，他确定在温度降到 –4℃时，干冰所创造的人工降雨就能实现。

朗缪尔

朗缪尔干冰布云法是人工降雨的一个突破，虽然当时的他已经是一个小老头，这样的实验强度对他来说已经很有负担了，但他的心气和年轻人还是一样的，他挑战的是人类最畏惧的自然。

1946 年一架飞机载着数百公斤的干冰飞上了云海，按照朗缪尔的指示这些飞行人员将干冰撒入云海，就和朗缪尔计算的结果一样，几十分钟之后天空下起了倾盆大雨，世界上第一次干冰降雨试验成功了。

学科直通车

人工降雨的条件

云是由水汽凝结而成的，而云的厚度以及高度通常由云中水汽含量的多少以及凝结核的数量、云内的温度所决定。一般来说，云中的水汽胶性状态比较稳定，不易产生降水，而人工增雨就是要破坏这种胶性稳定状态。

通常的人工降雨就是通过一定的手段在云雾厚度比较大的中低云

系中播散催化剂（碘化银）从而达
到降雨目的。播散催化剂一是增加
云中的凝结核数量，有利于水汽粒
子的碰并增大；二是改变云中的温
度，有利扰动并产生对流。云中的
扰动及对流的产生，将更加有利于
水汽的碰并增大，当空气中的上升

云彩

气流承受不住水汽粒子的飘浮时，便产生了降雨。

世界上许多国家普遍使用碘化银做人工降雨的催化剂。中国采用
干冰和碘化银穿插使用的办法。干冰是由人工降雨飞机的舱底"漏斗"
洒向云层的。碘化银做催化剂时，可用火箭把碘化银焰弹发射上去。
那么，催化剂喷洒到空中会不会影响人体健康或污染环境呢？分析表
明，如果向一块云层中射入碘化银微粒，并收集随之产生的降雨，这
些雨水如由一人饮用的话，他所吸收的碘量与吃一个加盐的鸡蛋所吸
收的碘量基本相等。若用干冰（即固体二氧化碳）做催化剂，那就更
不会影响环境了，因为空气中本来就有二氧化碳。

人工降雨就是根据自然界降水形成的原理，人为地补充某些形成
降水所必须的条件，促使水滴迅速凝结或碰并增大，形成降水。

1. 如果空中飘浮的是0℃以上的暖云，那么在这个云层中就需要
有大水滴的形成。

2. 如果空中飘浮的是0℃以下的冷云，那么在这个云层中就要有
冰晶。

3. 空中作业需要用到飞机，必须在云中广泛地播撒催化剂。

4. 地面作业需要利用到高炮、火箭，必须有能力从地面上发射到
空中才爆炸，并且保证将炮弹中的碘化银沿途拉烟播撒开来。

人工降雨简单来说就是用人工的方式向云中播撒人工的冰核，让云中的水气沿着冰核产生凝华过程，配合水滴的自然碰并，让降雨和降雨量得到控制。

延伸阅读

如今，"人造气候"并不是什么罕见的现象，我们探索自然界的过程中必然产生破坏，而人造就是一个修复的过程，虽然不确定这种修复是不是进一步的破坏，不过在目前来看这些行为都是有一定现实意义的。

1. 人造阳光：简单而言就是利用灯光或储存的太阳光来照明或取暖，比如日本有一个"灯的广场"，这个广场的顶部悬挂着1600只彩灯，这就是这里的太阳和"星空"。

2. 人造雾景：这是一种人工制造的无污染雾气，因为它的原料就是水。现在我们常常能在假山、草地、餐厅、广场、训练场、喷泉等场所看到这种人造雾的出现，它形成的效果能够净化空气，使空气新鲜湿润。

3. 人造森林：这种森林的目的是为了吸收二氧化碳，所以跟真实的森林有很大差距。

4. 人造气候室：就是模拟大自然的状态，创造出一个人工的气候室，身体不好的人在这个人工气候室里面，就仿佛置身于大自然中一般，进而达到强身健体的目的。

第四节
太阳能的利用

太阳是全世界人民最早的图腾之一，我们每个人都要从太阳中获得能量，才能生存。

古代的中国人非常喜欢太阳，早在3000多年前的西周时代，我们就已经有了从太阳中提取热能的技术，也就是"阳燧取火"。前面我们已经说过什么是阳燧了，简单来说就是一面金属的凹面镜，利用它让光线集中，让热量集中到一个点上产生高温，这个高温可以用来点火。可以说阳燧就是人类的火种，阳燧取火技术在世界太阳能利用史上占有重要的地位。

除中国人以外，阿基米德通常被认为是最早学会利用太阳能的人。那是在1800多年前，当时的阿基米德所在的国家正在发生战争，这个洗澡很出名的老头其实脾气很暴躁，是个热血的汉子。为了对抗古罗马帝国的舰队，位于希库扎港的阿基米德给了士兵们一个建议，他让这

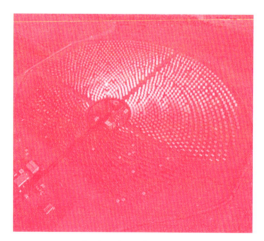

奥德约太阳能发电站

些士兵把擦亮的铜盾排列在城堡上，你可能已经猜到这个小老头要干什么了。没错，他制造了一个巨大的凹面镜，把阳光都聚集到入侵的罗马舰船上。这一招比火烧赤壁还要厉害，敌人的舰船起火后，舰船

上的人仓皇逃跑。

后世有一个想要复制这一壮举的有钱人，他名叫萨克斯博士。他请来50多名水手，也让他们每个人举着一块长方形的铜镜，对准了一只可怜的木船，结果就像阿基米德的传说一样，木船成功地被点燃了。

这说明虽然古时候的人并不是很明确自己在利用太阳，但是他们显然已经发现了太阳的热能是可以被借助的一种能源，并且能够下意识地自觉对太阳能加以利用以满足自身的生存需求。

科技发展势头迅猛的那几十年里面，对太阳能技术感兴趣的人也出来了。

首先出现的人是法国的考克斯，他是世界上第一个把太阳能转化为机械能的人。奥德约太阳能发电站能够在法国出现，正是考克斯奠定的基础。进入到现代以后，科学家们对太阳能越来越熟悉，太阳能电池甚至被应用于空间技术——通信卫星供电。

其实能源并不是那么难获得，我们眼前就有太阳能发电这种超级清洁的能源获取方式。以太阳能为主要动力的机械现在已经慢慢在增多，如果科技继续进步，太阳能可以用更集中更轻便的方法获取，又会出现人类工业史上的一次巨大革命。也许有一天我们推开门，就能看到遍地的太阳能接收板。

很多高原地区的太阳能能源都比较充足，可以利用太阳灶把太阳能有效地收集起来，然后供应家庭基本的用水、洗澡、做饭等。以后如果有机会学习建筑相关的知识，你会发现建筑物75%的能耗结构都用在了建筑采暖和热水供应上，所以直接利用太阳能结构来实现建筑节能技术，将是未来减少环境污染的一个最重要节能方法。

学科直通车

太阳能现在最直接的用途是发电和发热，这是将太阳光的辐射能量集中起来利用的方式，但是目前这种利用还非常有限，太阳能技术还存在着许多巨大的瓶颈问题没有解决。

这方面我们需要学习的专家应该是植物，植物是太阳能利用最厉害的生物之一，它们可以直接将太阳能转变成化学能，通过光合作用完成能量的储存。现代人都很喜欢的石油、煤炭、天然气等能源来源，其实都是大自然用了几十万年时间，从太阳中摄取的能量。

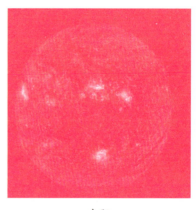

太阳

延伸阅读

我们是无法用肉眼直接观察太阳的，如果你非要坚持如此危险的举动，那么失明也许算是比较好的下场了。

太阳是这个世界上生命的力量来源，这团炽热的气体球时刻在疯狂地"燃烧"着，已知太阳的表面温度大概是 6000℃，而太阳的中心温度竟然高达 1600 万℃。

正是因为太阳本身所具备的巨大能量，所以太阳才能以 $3.8 \times 10^{26} J/s$ 的速度将能量释放到整个宇宙空间中，这其中大概有 $1.7 \times 10^{17} J/s$ 的能量被辐射到地球上，这么一点能量就养活了整个地球，对于太阳来说只不过是它总输出量的 20 亿分之一。

太阳一年内投向地球每平方厘米上的能量为 1.05×10^6 焦耳。

这些能量要真正到达地球其实是个艰巨的任务，我们可以这样来看这些能量的去处：

第一部分：被大气层发射回去 3.5×10^5 焦耳。

第二部分：穿过大气层的能量中有 1.7×10^5 焦耳被灰尘云雾吸收。

第三部分：到达地面上的能量又有 0.75×10^5 焦耳被地面反射了。

最后部分：真正被地球吸收的能量，仅有 4.5×10^5 焦耳。

地球上的生物擅长利用这些能量生存，同时通过把这些能量吸收释放的过程，使整个生态环境界的收支平衡。这样地球表面就能保持恒定的气温，而不至于因为能量无法储存而越来越热，也不会因为能量有所减少而越来越冷。

绿色植物

第五节
能量守恒定律的发现

我们知道能量既不会凭空产生，也不会凭空消失，它只能从一种形式转化为另一种形式，或者从一个物体转移到另一个物体，在转移或转化过程中其总量保持不变，这就是能量守恒定律。但是，你知道能量守恒定律是怎么发现的吗？

迈尔是一名医生，他喜欢探索，遇事总爱问个为什么。当时的欧洲还十分流行放血治疗，作为当时环境下的医生，迈尔也不例外。迈尔当随船医生的时候，船员因为水土不服而生病，奇怪的是，迈尔发现这次船员们的病症与之前的情况不一样，放血疗法好像不起作用。以前医治这种病人，只要在病人的静脉血管上扎一针，就会放出一股黑红的血来，就达到治疗目的了。但是在加尔各答，迈尔却发现这些人流出的都是鲜红的血，难道是治疗失败了吗？不是。迈尔相信是出现了别的问题，他是个非常喜欢研究的医生，所以他更愿意为了这个新发现付出心血。

那时候人们已经知道，静脉中的氧气比较少，所以静脉血液是暗红色的；动脉的氧气非常充足，所以动脉血液是鲜红色的。这些病人为什么会出现静脉的血液颜色鲜红的情况呢？唯一的可能就是静脉血液里面的氧气增加了，才使得血色那么鲜艳。

为什么在别的地方不会这样，到了加尔各答才这样呢？迈尔发现这跟当地的气候有很大关系。这个地方非常热，那么人体就不需要自己设法去保持热量了。我们知道人类是恒温动物，人体这个比较稳定的温度是怎么保持的呢？原来人体就是靠着血液里面的氧燃烧才能保持自身的体温。

如果人体所处的环境本来就很热，那么血液里面的氧燃烧就不需要了，所以这个地方的人才会连静脉中的血液都如此鲜艳。

为什么氧气燃烧能产生热量呢？是因为心脏吗？心脏的运动是不可能产生那么多动能的。难道是人体自身的血肉？那血肉又是哪里来的呢？迈尔把思考的方向投入到了食物中，人类不吃食物就会饿死，而不同的食物会带来不同的热量，但是食物的热量是从哪里来的呢？动物依靠植物生存，植物则依靠太阳的能量进行光合作用释放出能量。

迈尔因此提出了一个大胆的理论，他认为这个世界上的一切生物都是因为太阳的能量而活着的，太阳提供给植物大量的能量，动物则依靠吃植物来维持生命，这就形成了一个完美的能量转化的过程。

迈尔觉得自己的想法非常靠谱，这个年轻的医生想到自己也许解释了一个巨大的秘密，他特别兴奋地回到汉堡，马上写了一篇名为《论无机界的力》的论文。但是，《物理年鉴》认为迈尔的想法是天方夜谭，他的论文没有刊物愿意发表。最后，只有一个小小的医学杂志愿意发表。让人气愤的是，物理学家们对迈尔的话不屑一顾，鄙夷地称他为"疯子"，诋毁他的声誉。在众人的打击之下，不久后迈尔就跳楼自杀，虽侥幸救回了一条命，却精神失常了。

时间到了1847年，英国科学协会的现场出现了一个同样不具备"科学家"资格的小人物。这个小人物叫焦耳，他只是个普通的啤酒制造者。按理来说这样的人并不该出现在这个场合，但是这位小人物却带着对科学的热爱站在会议主席面前，极力恳求他让自己能够参加这次会议。

两年前的剑桥学会会议上，焦耳曾经当场做了一个实验，这个实验证明了震惊四座的一条理论。焦耳认为自然界

焦耳

的能是恒定的，是不可能被毁灭的，任何一个地方如果消耗了机械能，一定就会得到等量的热量。

和迈尔的遭遇相似，焦耳也遭到了当时那些大科学家们的否定和批判，这似乎是科学发展到一定阶段后一定会有的过程。当人们以为自己了解了真理的时候，恰好是把真理拒之门外的时候。

焦耳并不因为上次失败而失去信心。商人的乐观和积极在焦耳身上得到了很好的体现，他不依赖上流社会，所以他可以给上流和科学界一拳又一拳。

这次焦耳带着自己最新的实验又来到科学协会会议现场，主席知道他又要大发奇谈怪论，因此不同意他参加会议。但这个主席其实是个很有尝试精神的人，最后他还是给了这个努力的年轻人一个机会。

焦耳一边做着实验一边开始解说："机械能是可以转化为热能的，反过来说热能也可以转化为功……"马上就有人起来反驳他。当时的人还认为热能是一种物质，物质怎么可能是功呢？又怎么可能和机械能扯上关系？

反驳得最严厉的正是威廉·汤姆逊，面对一直反对自己的能量转化理论的威廉·汤姆逊，焦耳冷静地说道："如果热不能做功，那么蒸汽机的活塞为什么会动？要是能量不守恒，那为什么人类总也造不成永动机？"这两个问题其实正是当时关于热的理论最大的硬伤，如果热是一种物质的话，蒸汽机的活塞运动是无法解释的。几句平淡的话，成功地让会场归于平静。台下的科学家们陷入沉思当中，有的人还走到焦耳的仪器前，左看右看，认真探究。

幸好这个威廉·汤姆逊并不是真正的冥顽不灵，后来他发现了前面所提到的小医生迈尔所发表的文章，大吃一惊，于是赶紧去找焦耳，希望与他共同讨论能量转化问题。

焦耳最后甚至与这个威廉·汤姆逊成了不错的朋友，他们一起研究，共同努力，于是能量守恒和转化定律的历史上也有了威廉·汤姆逊的名字，最终他们完成了能量守恒和转化定律的论证。

📚 学科直通车

自然界中存在着各种各样不同形式的能量，这些能量的存在形式与运动形式相对应，如物体运动具有机械能，分子运动具有内能，电荷运动具有电能，原子核内部的运动具有原子能等。这些能量既不会凭空产生，也不会凭空消失，它们之间可以相互转化，从一种形式转化为另一种形式，或者从一个物体转移到别的物体，但是在转化或转移的过程中，其总量不变。这就是著名的能量守恒定律。

不管是何种形式的能量，一定遵守转化和守恒的规律。某种形式的能减少了，肯定会以其他形式表现出来，其他形式的能量就会增加，且减少量和增加量一定相等。同样的，如果某个物体的能量减少，一定存在其他物体的能量增加，减少量和增加量也一定相等。

💡 延伸阅读

蒸汽机是将蒸汽的能量转换为机械功的往复式动力机械。它最早出现于 17 世纪末，当时主要用于矿井提水。1765 年，瓦特对当时已经出现的原始蒸汽机作了重大改进，并在以后近 20 年中

蒸汽机

为提高蒸汽机的热效率做出了许多贡献。瓦特改进后的蒸汽机，机器上有了联动装置，把单式改为旋转运动，完善的蒸汽机发明成功了。新式蒸汽机的发明，使世界进入了所谓的"蒸汽机时代"。蒸汽机的出现，在 18 世纪的产业革命中有重要作用。直到 20 世纪初，它仍然是世界上最重要的原动机，后来才逐渐让位于内燃机和汽轮机等。

第六节
开水不响，响水不开

有句古话叫作"开水不响，响水不开"，为什么这么说？为什么开水在即将烧开之前会发出很大的响声，真正开的时候反而没有声音呢？如果你注意观察，你会发现，水中没有出现气泡的时候，也不会有响声，这个响声似乎是预警一样，在提醒你水快要开了，难道这只是自然界的一个巧合吗？当然不是了。

响声是伴随着气泡的产生一起出现的，要想解开开水之谜，那就要从气泡身上找原因。原因主要有以下几点。

原因之一：

水中溶有空气，水壶壁的表面空隙也会吸附空气，这些空气就是形成微小气泡的最核心原因，气泡的核心就是那些空气分子。水温升高的时候，气泡周围的水就会向气泡内蒸发来促成气泡成长，等到温度达到一定值时，气泡所受到的浮力飞速上升，这个时候的温度大概是 80℃。这个时候表面水体的温度还不够高，水泡会慢慢缩小，这就形成了相当激烈的振动状态，也就是我们听到的水声了。

原因之二：

空气溶于水的程度和水的温度是有关系的，水的升温会迫使空气往外跑，气泡附近的容器实际上是近乎真空的，也就是说这部分几乎处于"干烧"状态中，气泡觉得太热，就会想要逃离，随着水的继续加热，气泡所受的浮力大到一定程度开始上浮，气泡在器壁周围往上积极爬升，这个声音就像往烧红的铁上倒水一样，这就是响声的原理。

原因之三：

现代的水壶并不能保证均匀传热，而且水壶中间的水和周围的水温度都是不一样的，在水泡产生之前水壶内各层水的温度都不相同。气泡内的空气压强随水温的降低而降低，气泡内的水蒸气凝结成饱和蒸汽，压强也在减

烧开水

少。这个时候我们看到有水蒸气出现，这些就是气泡内的蒸汽，气泡里的压强减小，但是外界空气没有变化。水汽在上升的过程中受到了更多的压迫，于是继续维持加热的过程，无论是气泡还是膨胀都开始增加，最后当气泡上升到温度较低的水面时，那些水蒸气又重新凝结成了水，这个过程是一个水泡体积从大到小的上浮过程。这个时候水的中、上部会产生一种振动，越是当水温接近沸点，气泡的涌现越是积极，这种剧烈振荡就产生了较大的响声。

原因之四：

由于气泡体积大小交替变化非常快，水的振动频率高，水声的音调也就高。渐渐地壶里各处的水温相差越来越小，气泡体积大小交替变化也越来越慢，水声的音调也就逐渐变低。沸腾时，气泡在水面上

破裂，引起了水面大幅度的翻腾，由此而引起的空气振动频率远不如前者的高，水声的音调也就低了。

原因之五：

气泡的出现打破了水的温差，我们很容易发现水泡让不同温度的水有了明显的流动，水的温度达到沸点时，气泡形成的对流能够让热能贯穿整个水壶内部的水体中，最终让所有的水都达到同样的温度。这个时候气泡继续增大了，不再因为上升而缩小，反而一直膨胀到破裂，自由地让蒸气和空气释放出来。气泡直接破裂反而会减少振荡，所以响声也就小了。

以上所说的就是俗话常说的"开水不响，响水不开"的道理，你懂了吗？

学科直通车

沸腾是在一定温度下液体内部和表面同时发生的剧烈汽化现象。液体沸腾时有一个确定的温度，这个温度叫作沸点。浓度越高，沸点越高。不同的液态物质沸腾时的温度各不相同。沸点随外界压力变化而改变，压力低，沸点也低。

蒸汽锅炉

例如，蒸汽锅炉里的蒸汽压强，约有几十个大气压，锅炉里的水的沸点可在200℃以上。又如，在高山上煮饭，水容易沸腾，但是饭却不易熟。这是因为大气压随地势的升高而降低，水的沸点也随高度的升高而逐渐下降的缘故。

延伸阅读

1988 年国际度量衡委员会推荐，第18 届国际计量大会及第 77 届国际计量委员会做出决议，从 1990 年 1 月 1 日起开始在全世界范围内采用重新修订的国际温标，这一次取名为 1990 年国际温标，代号为 ITS-90。这个温标相当接近于热力学温标，它认为 1 标准大气压下水的沸点温度是99.974℃。

一杯水

第七节
热学第二定律的产生

开尔文是一个集前人大成的天才，他是热力学的主要奠基人之一，为热力学的发展做出了一系列的重大贡献。他根据盖·吕萨克、卡诺和克拉珀龙的理论于 1848 年创立了热力学温标。同时，他也是热力学第二定律的两个主要奠基人之一。1851 年他提出热力学第二定律。热力学第二定律是热力学基本定律之一，其内容为：不可能从单一热源吸取热量，使之完全变成有用功而不产生其他影响。这是公认的热力学第二定律的标准说法。开尔文的表述更加直接地指出了第二永动机的不可能性。所谓第二永动机，指的是某些人提出的例如制造一种从海水中吸取热量，利用这些热量做功的机器。从海水中吸收热量做功，就是从单一热源吸取热量使之完全变成有用功或者不产生其他影响。开尔文的表述指出了这是不可能实现的，也就是说第二类永动机是不可能实现的。

克劳修斯

开尔文开创了热力学第二定律，而克劳修斯则对第二定律系统进行了深入的研究。

克劳修斯出生在一个子女众多的家庭，他是一个成绩不错的孩子。长大后他先后成功考入了哈雷大学，紧接着转入柏林大学学习。1850 年，他被聘为柏林大学副教授，并且因为自己优异的成绩，得以兼任柏林帝国炮兵工程学校的讲师。克劳修斯对热机过程中的卡诺循环进行了精心研究，以机械热力理论为依据，发现了大量的热力学基本现象，这就是克劳修斯提出的热力学第二定律定义的由来。克劳修斯提出的热力学第二定律的定义："热量不能自动地从低温物体传向高温物体。"这与开尔文陈述的热力学第二定律"不可制成一种循环动作的热机，只从一个热源吸取热量，使之完全变为有用的功，而其他物体不发生任何变化"是等价的，它们都是热力学的重要理论基础。

克劳修斯因此断言，能量耗散其实是一个非常普遍的趋势。热机必须在两个热源之间工作，而且热机自身的效率仅仅只取决于热源的温差，能量不可能完全转化为功，热机效率即使在理想状态下也不可能达到 100%。

于是一个更加伟大的概念出现了，这个概念就是熵的概念。1854 年，克劳修斯最先提出了熵（热力体系中，不能利用来做功的热能可以用热能的变化量除以温度所得的商来表示，这个商就叫作熵。）的概念，他用熵来表示任何一种能量在空间中分布的均匀程度。能量分布得越均匀，熵就越大。

克劳修斯将热力学定律表达为：宇宙的能量是不变的，而它的熵则总在增加。他提出的熵的概念，使得热力学第二定律公式化，应用也更为广泛了，因此，热力学第二定律又称为"熵增加原理"。

任何一个伟大的科学家都有可能出现失误，克劳修斯晚年的时候错误地把热力学第二定律引用到整个宇宙，认为整个宇宙的温度必将达到均衡而不再有热量的传递。虽然克劳修斯晚年的学术研究出现了失误，但是这不影响他作为一个伟大的科学家的地位，我们不能否认他在热学研究方面的重大成就。

学科直通车

永动机一直都是历史上最大的争议，这被认为是科学界不可攻克的难题。

事实上这确实是不可能的，一种不消耗任何能量的机器，一个可以源源不断地对外做功的机器，这是最美好的幻想，但是这个幻想只带来了大量工业技术上的革新和进步，却没有真正带来物理学上的奇迹。

历史上最著名的第一类永动机构想来自法国，"魔轮"的提出者亨内考。这个魔轮的设计十分简陋，它有安放在转轮上一系列可动的悬臂，并且期待利用这些悬臂的相互作用实现永动。

在"魔轮"理论中，那些向下行方向的悬臂会受到重力的作用，那么它们将会不断向下落下，让自己不得不远离转轮中心，这个时候位于上行方向的悬臂则开始接近转轮中心，力矩减小驱动魔轮的转动。

无独有偶，达·芬奇也曾经设计过一个永动机，使用了类似的原理，甚至还有人将这个设计付诸实践，但是最后还是以失败告终。这个直径 5 米的庞大机械始终不能离开动能，但是这个设想却开始家喻户晓。

随着能量守恒定律的发现，任何一部机器，只能使能量从一种形式转化为另一种形式，而不能无中生有地制造能量，因此第一类永动机是不可能造出来的。

那么有没有可能让能源以不同形式互相转化，但是不损失或流失能量呢？很多科学家投入了研究，他们试图制造这样一种热机，它没有冷凝器，只有单一的热源，它从这个单一的热源吸收的热量，可以全部用来做功，而不引起其他变化。这个想法就是我们说的第二永动机，虽然看上去它遵守了能量守恒定律，但是因为机械能和内能的转化具有方向性，至少现在为止我们还没有办法去逆推，所以暂时这种机械也没有实现的可能性。

1881 年，美国人约翰·嘎姆吉倒是设计了一个在这个原理上的第二永动机，本来他的目的是制造一个零发动机，试图让这个机器利用海水的热量，在将液氨汽化以后形成机械能，推动机械运转。可惜还是没有实现逆推的可能，汽化后的液氨在没有低温热源存在的条件下无法重新液化，不能完成循环。

延伸阅读

开尔文在人类历史上的地位非常重要，他的一生获得了一切可能被给予的荣誉。这个神童 11 岁就进入了大学，22 岁就成了格拉斯哥大学自然哲学教授。

自然哲学在那个时代几乎等同于物理学，随着开尔文在热学、电磁学、流体力学、光学、地球物理、数学、工程、应用等方面做出的贡献，他先后被选为法国科学院院士、格拉斯哥大学校长，他一生获得 70 种发明专利，是全世界科学家的榜样。

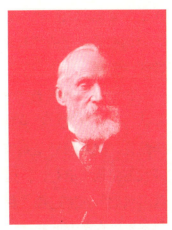

开尔文

第八节
宇宙大爆炸理论的形成与发展

宇宙大爆炸现在可不是一个新鲜名词，作为宇宙起源说最主要的一个流派，几乎已经成了爱好物理的人必须涉猎的一个领域。宇宙大爆炸理论是现代宇宙学的一个主要流派，它能比较圆满地解释宇宙学的一些根本问题，这个理论虽然 20 世纪 40 年代才提出，但其实在 20 年代就有了萌芽。20 年代以来，望远镜的普及让宇宙有了窥视者。天文爱好者们在他们的天文望远镜里面看到，许多河外星系的光谱线与地球上同种元素的谱线相比有着显著的波长变化，即红移现象。

宇宙大爆炸模拟图

1929 年，美国天文学家哈勃认为，红移现象最典型的一个结论，就是河外星系都在离开我们向远方退行，根据观测结果来看，距离越远的星系，它们飞速远离我们的速度越快。我们的宇宙就像是一幅膨胀的图像，所有的行星都不愿意亲近彼此，它们都朝着更遥远的虚空飞去，为了在这个空旷的宇宙找到更多的空间，也许是找到宇宙的边缘。

正式提出了宇宙大爆炸理论的是美国天体物理学家伽莫夫，1948年伽莫夫提出宇宙在遥远的过去是一种混沌的状态，这个混沌是极度的高温和极大的密度，也就是现在很多人说的"原始火球"状态。

然后宇宙大爆炸发生了，宇宙开始膨胀，极度紧密的物质开始被释放，物质的密度逐渐稀释，温度被物质带走，每片物质得到的温度也逐渐降低，不知道多少个亿年以后，我们看到了今天的宇宙状态。

宇宙大爆炸理论是目前最能说明河外天体的谱线红移现象的理论，如果以这个理论为基础，还有很多天体物理学问题可以得到较为合理的解释。但这些并不能证明这种学说是绝对正确的，它还只是一门发展中的理论。

当然随后又有很多人为宇宙大爆炸理论做出了贡献，比如美国人彭齐亚斯和威尔逊，又比如伽莫夫和霍金。

宇宙大爆炸理论的主要观点有：我们的宇宙有开端，是由大约 150亿年前发生的一次大爆炸形成的。宇宙从密到稀、从热到冷、不断膨胀，形成了我们的宇宙。最初那次爆发就被称为宇宙大爆炸，这一关于宇宙起源的理论就被称为宇宙大爆炸理论。

根据这一理论，我们可以知道宇宙的演化过程起始于大约 150 亿年前，当时宇宙内的所有物质和能量都聚集到了一起，并浓缩成很小的体积，温度极高，密度极大。突然，这个体积无限小的点在"无"中爆炸了，时间从这一刻开始，物质和能量也由此产生，这就是宇宙创生的大爆炸。

学科直通车

宇宙演化的三个阶段

第一个阶段：

太初第一秒。这个阶段的时间需要以秒来计算，宇宙是高温、高密的状态，由质子、中子、电子、光子等基本粒子混合而成。随着宇宙的迅速膨胀，宇宙温度开始急速下降。

第二个阶段：

这个阶段大约经历了数千年，这一阶段化学元素开始形成，宇宙由氦、氢等比较轻的原子核和质子、电子、光子等组成，光辐射很强。宇宙继续膨胀，温度很快下降。

第三个阶段：

宇宙形成的主体阶段，也是我们生活的阶段。宇宙膨胀，温度降低。气态物质逐渐凝聚成星云、星系、恒星和行星，宇宙变得如此美丽。

宇宙大爆炸理论在它诞生前后获得了一系列天文观测事实的支持，是有实际依据的。例如：星系红移、微波背景辐射、宇宙元素的丰度、宇宙的年龄等，这些都是大爆炸理论的重要证据，尤其星系红移就是宇宙膨胀的反映，微波背景辐射是宇宙大爆炸高温的直接遗迹。这些观测事实都使宇宙大爆炸理论越来越受到世人的关注。

冥王星

1930 年美国天文学家汤博发现了冥王星，他估算冥王星的体积有地球的几倍大。于是人们将冥王星和水星、金星、地球、火星、木星、土星、天王星、海王星一起定为太阳系的九大行星。

但是现在越来越多的天文学家对冥王星的大行星身份进行了质疑。事实上冥王星所处的轨道在太阳系小星星和彗星诞生的地方，它的轨道是个很扁的椭圆，运行的轨道比其他行星的轨道更加倾斜。汤博错误地估算了冥王星的质量，冥王星只是比月球还要小的星体。2006 年 6 月 24 日召开的国际天文学联合大会上，冥王星被取消了九大行星之一的身份。

第五章
电与磁

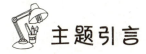 主题引言

　　磁现象对我们来说并不陌生，生活中经常会遇到一些磁现象。物质的磁性普遍存在并且多种多样。我们的身体和周边的物质或者遥远的各种星体和星际中的物质，都具有这样或那样的磁性。

　　电是我们日常生活中不可或缺的帮手，我们的吃、喝、玩、乐都离不开它。没有电，我们家里的灯泡不会亮；没有电，电视机开不了；没有电，有时候连饭都吃不上；更不用说其他一切需要用电的娱乐设施与娱乐活动了。

　　当神奇的磁现象遇上"无所不能"的电，会产生什么样的神奇现象呢？我们伟大的物理学家们通过认真细致的探索，为我们揭开了电与磁的奥秘。接下来就让我们一起去探索探索。

第一节

闪电为何是弯弯曲曲的？

现在，我们对生活中的伙伴——电，已经不陌生了，我们知道电器需要电才能运转，我们知道电能为我们做很多事情。尽管如此，我们对电流却还是很陌生的，电流具有危险性，直接接触电流的机会很少。生活中的电流，我们接触得最早的就是大自然中的雷电了。

闪电

雷电是伴有闪电和雷鸣的一种自然现象，通常情况下，我们看到的闪电都是带着枝杈，弯弯曲曲的，为什么闪电会有这些弯弯曲曲的枝杈呢？

原来，闪电通常会把负电荷从雷暴云带到地面。闪电的前方有一个带负电荷的闪电先导，它的移动速度很快，能够快速下移到云层下面，再迅速穿过布满正电荷的空气来到地面。带负电荷的闪电先导在寻找电阻最小的前进通道的过程中会发生分叉，于是我们就会看到带着枝杈的闪电了。当某一枝杈的先导接近地面时，它所带的负电荷就会吸引地面尖状物体（比如草和树木）的正离子，在云层和地面之间形成一个导电通道。然后，从这个先导通道的底部开始，其中的负电荷会被源源不断地送入地面而消失不见。不要以为电荷进入地下就没事了，我们经常说打雷天不要乱跑，是因为电荷在进行中和作用时会放出大量的光和热。为什么说雷电会劈死人？就是因为这股热量能够将周围的空气加热到 30000℃。电荷下移之后，放电区（亦即所看到的亮光）就会向上移动，闪电先导的那些没有到达地面的枝杈中的电荷会流向主通道，这就使得闪电在消失那一瞬间变得更加明亮。

因为光速比声速快的缘故，我们往往要先看到闪电再听到雷声，强烈的电流在空气中通过时，高热导致了周围的空气受压而发生猛烈的振动，雷声就是空气发生振动而产生的。闪电离我们很近的时候，我们甚至能听到闪电本身的声音，就是空气撕裂的声音和空气又突然闭合的声音。

学科直通车

我们在科幻片中经常看到高强度的闪电往往都是黑色的，但是在自然界中，我们经常看到的闪电却是蓝白色的，难道这种不发光的"黑色闪电"仅仅只是科幻片中才会出现的奇观吗？

当然不是，苏联天文学家契尔诺夫，就曾经在扎巴洛日城亲眼见过"黑色闪电"。

黑色闪电就像它看上去那阴森的感觉一样，具有非常大的危险性和破坏性。发热的带电物质的聚合物，很容易爆炸或转变为球形闪电。这种由分子气凝胶聚集物产生出来的闪电怪物，一般情况下是不会出现在近地层的，一旦出现就可能会发生大的事故。

黑色闪电看上去就像是一团雾蒙蒙的凝结物。你千万不要小看了这家伙，它可是闪电界里面的暴君，它的身体里面全是巨幅的能量，碰上什么东西不小心就爆炸了，破坏性非常大。黑色闪电的体形相对来说很娇小，很容易被人们忽视，也不会被雷达捕捉到。目前人们只知道它和球形闪电一样，具有飘忽不定的特性，比较热爱带有丰富静电的金属物品。可想而知，最讨厌黑色闪电的应该是空中飞行员了。一旦遇到它就惨了，它就像是空中的地雷一样，一踩就爆炸，还不能指望避雷针能够捕捉它，它可以顺利地溜到任何有着严密防雷措施的区域。遇到这家伙要立刻逃命，有多远就躲多远，它可不是什么善茬。

延伸阅读

当我们遇到闪电时，应该怎么办呢？

1. 绝对不要冒险外出，一定要留在安全的室内，楼顶或屋顶应该有防雷设备。

2. 不要靠近打开的门或窗，不要靠近大型金属制品，不要与有电流通过的设备有直接接触。

3. 尽量不要使用电吹风、电压刷或电动剃须刀。

4. 挂掉电话和手机。

5. 如果在户外，尽量避开开阔的空地、高地，避开敞开的棚子以及任何突出地面的可能导电的物体；游客立即待在汽车里，不要急着离开掩蔽所，注意避开该地的最高物体，若旁边有大树，至少离大树50米的距离。

当你发现自己头发竖起或皮肤颤动时，请立刻倒在地上，周围的人可以对你进行及时的口对口的呼吸、心脏按压以及长时间的人工呼吸。电击可能会造成烧伤和休克，但是不会让电流长期停滞在你身体里。

第二节
我国古建筑是怎样避雷的？

如果你注意观察的话就会发现，几乎任何一个高大建筑物的顶端都会安装一根金属棒，这根金属棒用金属线与埋在地下的一块金属板连接起来。其实，这就是一个最简单也最实用的防止建筑物等被雷击的装置，我们称这根金属棒为避雷针，又名防雷针。

避雷针的工作原理就是主动引导云层所带的电和地上的电中和，避免雷击事故的发生。

现在我们都知道用避雷针来避雷，那么在避雷针发明之前，古代的人民是怎样进行避雷的呢？

事实上古代人民是很智慧的，中国古建筑上的避雷技术正是中国建筑的标志之一。许多中国古代建筑历经千年沧桑依然岿然屹立，这正是因为我国古代建筑的避雷技术已经非常成熟和出色。

古塔是我国古建筑避雷技术的最好见证。中国的塔平面多为方形和八角形，又有高度又有尖，简直就是雷击的重点对象，早期的古塔以砖石质居多，但是渐渐地木质和金属结构的古塔也出现了，如果宝塔被雷击中，不是很容易火烧宝塔吗？

其实这些古塔早就在开始建的时候就做好了避雷措施。根据历史记载，浙江嘉兴的东塔曾经被雷劈过，浙江杭州的六和塔塔顶也被雷劈过。但是它们并没有塔倒人亡，反而塔尖大放金光，就像是佛祖显灵一样，流星飞溅。

其实这一切只不过是古塔的放电现象，放电完后，雷电带来的灾难也就消除了，这也是许多古塔能完好地保存至今的原因。

那么这些古塔避雷的秘密到底是什么呢？那个时候虽然没有避雷针，但是他们有别的避雷方法，比如古塔上面设置塔刹。金属塔刹可以避雷，这个容易理解，但有人可能会问了，为什么那些木质的塔楼也一样没事呢？

应县木塔

木塔在雷雨天气很容易淋湿，虽然木头本身的导电性能不好，但是淋湿了的木头导电性很好，加上雷电的电压非常大，但是这些木质宝塔还是能够成功地避过雷击，这是为什么呢？

山西应县的木塔塔高 67.31 米，从它建成至今，已经有 900 多年的历史，没有一次被雷电眷顾的经历。应县木塔如何做到这一点，我们暂时还不知道，有兴趣的同学可以去研究一下这个原因，但毫无疑问，中国古建筑的避雷技术是非常厉害的。

关于中国古建筑的避雷技术，最完整的文字记述源于《中国新事》一书，该书是法国旅行家戴马甘兰于 1688 年写成的。书中有这样的记述："中国屋宇的屋脊两头都有一个高高仰起的龙头，龙口吐出曲折的金属舌头，伸上天空，舌根连的一根根细的铁丝，直通地下。这样奇妙的装置在发生雷电的时候就大显神通，若雷电击中了屋宇，电流就会从龙舌沿线下行地底，起不了丝毫破坏作用。"

这个法国人描述的龙头和避雷针很相似，他说的龙头在我们的建筑术语里面被称之为"鸱尾"。关于这种建筑装饰物有着很多有趣的传说，其中最出名的就是汉武帝的未央宫遭雷击失火事件，最后有能人建议让这种叫作"鸱吻"或"鸱尾"的金属饰物出现在建筑物的屋脊两头。

　　究竟事实的真相是不是像他所说的那样，我国的有关专家还没有找到真实可靠的证据，目前尚没有定论。但是遍布祖国各地的古代建筑群却向世人证明，这些古建筑确实具有非常优秀的避雷效应，这不是奇迹，而是中国古代的劳动人民在同自然作斗争的过程中创造的智慧。

学科直通车

　　美国科学家富兰克林是现代避雷针之父。这个对雷雨天气特别感兴趣的发明家，经常在暴风雨中跑来跑去进行各种危险的实验，就是为了证明自己的理论：闪电是一种放电现象。

　　富兰克林最出名的实验就是他的雷雨天风筝之旅，冒着被雷击的危险，将一个系着长长金属导线的风筝放飞进雷雨云中，在金属线末端拴了一串银钥匙。等到雷电发生的时候，富兰克林用手去碰触那串钥匙，钥匙上迸出一串电火花，手上还有麻木感。幸运的是这次传下来的闪电比较弱，富兰克林没有受伤。（注意：这个试验很危险，千万不要擅自尝试）这就证明了富兰克林的观点。

　　在这个实验的基础上，结合当时摩擦生电的理论，富兰克林做出了这样一个推测：如果人工产生的电能会轻易被尖端的金属吸收，那么同样的道理，闪电也能被尖端吸收。风筝实验很好地证实了他的想法，于是富兰克林开始考虑这个理论的实用领域。

　　富兰克林想到可以在高物上安置一种带有尖端的导电装置，这样就能够把雷电顺利地引入地下。富有实践精神的

避雷针

富兰克林立刻找出来了一根数米长的细铁棒，他用绝缘电线将铁棒和建筑物本身做了隔绝，然后让铁棒和金属线连接，一头朝向空中，另一头则接入地下。这个发明被富兰克林称为避雷针，它有效地解决了雷电直接劈中建筑物的困扰，这是现在自然电学研究中一个了不起的实用技术成果。

小小故事吧

你知道英国很长一段时间里的避雷针都是圆头的吗？明明尖头的导电效果更明显，为什么英国人要选用圆头的呢？

原来，避雷针从美国传入英国后，英国人也曾广泛采用了富兰克林的尖头避雷针。但美国独立战争爆发后，富兰克林的尖头避雷针在英国人眼中似乎成了将要诞生的美国的象征，英国当时的国王乔治二世出于反对美国革命的盛怒，曾下令把英国全部建筑物上的避雷针的尖头统统换成圆头，以示与作为美国象征的尖头避雷针势不两立。

第三节
摩擦能产生电吗？

细心的同学们一定注意过，大街上卖气球的老先生会在墙上粘很多气球，而且一个也不会掉下来。他是怎么做到呢？其实只要拿气球在身上摩擦几下就行了。

为什么摩擦几下就可以了呢了？原来，摩擦是能产生电的。我们如果将薄薄的小纸片摩擦几下，就能用手把它"粘起来"。听说过摩擦生热，难道摩擦还可以生电吗？是的，摩擦是能产生电的。

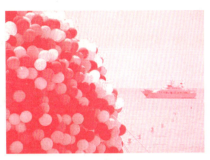

气球

自然界中存在着两种电：一种叫正电，另一种叫负电（也分别称为正电荷和负电荷）。同种电荷相互排斥，异种电荷相互吸引。经过摩擦的两个物体，会同时分别带上数量相等、正负相反的电荷。

但是，并不是任何两个物体经过摩擦都能带电的。拿一根金属棒，如铁棒或铝棒，在衣物上摩擦几下，金属棒并不吸引轻小物体，这就说明金属棒经过摩擦并没有带上电荷。这是因为金属棒能传电，人体也能传电。能传电的物体叫导体；反之，则叫绝缘体。绝缘体因为不能传走电流，所以在摩擦生电的过程中，它的电流越积越多因而显出电性，所以能够吸引轻微物体，这种电叫作静电。

静电也是很厉害的，冬天碰到别人击出的小火花很痛吧，还有很多严重的事情可能会发生呢。

这里先来思考另一个问题，为什么摩擦产生的是两种电？这是因为摩擦产生的这些电荷可不是凭空产物，它们是物体自身中携带的电离子。

自然界的所有物质都是由分子、原子组成的，分子、原子很小，1厘米的长度可以排列上亿个原子！

原子由原子核与电子组成。原子的中心是一个原子核，它的体积只占整个原子体积的一千万亿分之一。原子核又是由不同数目的中子和质子组成的。中子不带电，质子带正电，因此原子核带正电。原子内部，原子核外的广大空间还有运动着的电子，每个电子都带一样多的负电荷。

一个原子从整体上说正负电量正好相等，可以抵消，因而不显电性。当两个物体相互摩擦时，由于靠得非常近，相互对对方的原子中的电子产生干扰。由于两个物体的原子吸引对方的电子的力量不同，电子就会从一个物体转移到另一个物体。

于是，一个物体的电子数量就比正常状态下要多了，它就带负电；另一个物体的电子数量减少，就带正电了。

归根到底，摩擦生电并不是真正意义上生出了两种电荷，它只是物体中原来就有的两种电荷重新分配了一下。

学科直通车

静电是一种处于静止状态的电荷。干燥和多风的秋天或日常生活中，人们常常会碰到这种现象：晚上脱衣服睡觉时，黑暗中常听到噼啪的声响并伴有蓝光；见面握手时，手指刚一接触到对方，会突然感到指尖针刺般刺痛，令人大惊失色；早上起来梳头时，头发会经常"飘"起来，越理越乱；拉门把手、开水龙头时都会"触电"，时常发出"啪啪"的声响，这就是发生在人体的静电现象。

静电现象

延伸阅读

静电的危害

第一种危害：

带电体的互相作用。这个危害经常能够看到，因为很多时候摩擦都是必须发生的，对飞机这些比较大的金属制品来说，就算是跟空气、水气、灰尘等发生摩擦时，都有可能会导致整个飞机带电。如果不采取措施，将会严重干扰飞机无线电设备的正常工作，使飞机变成聋子和瞎子。

第二种危害：

静电火花可能会引燃某些易燃物体而发生爆炸。

静电毕竟也是电，虽然很小但还是有机会产生火花的。试想如果在加油站或加气站这些地方，他们的设备突然出现了静电，那么储油罐或储气罐是不是有爆炸的风险呢？我们都知道加油站、加气站这些地方是严禁烟火的，这样做的目的就是怕出现意外，避免无意中引发爆炸事故。

当然，任何事物都有两面性，静电也不例外。虽然静电给我们的生活带来了很多麻烦，有时候还会酿成悲剧，但是，静电也不是完全没用的，静电印花、静电喷涂、静电植绒、静电除尘和静电分选技术等，就是静电为人类工业做出的贡献。这些静电装置被应用到了生活的方方面面，甚至在宇宙飞船上也安装有静电加料器等静电装置。

飞机上的放电刷

现代社会防静电的措施很多，技术上也比以前进步了很多，最基本的方法就是降低流速和流量，减少起电强烈的工艺环节，还可以尽可能采用起电较少的设备材料。飞机的两侧翼尖及飞机的尾部都装有放电刷，飞机起落架上大都使用特制的接地轮胎或接地线，这就是为了在飞机着陆时放电，释放掉飞机在空中所产生的静电荷，防止乘客下飞机时被电击。

第四节
电流单位安培（A）的由来

随便拿起一个电器，你都能轻易从铭牌上发现一个 ××（A）的标志，这个（A）指的就是安培。可能对很多人来说安培也不是什么陌生的东西，不就是电流的单位嘛！但是你知道为什么电流会命名为安培吗？

事情的起因要说到一个叫奥斯特的人，他是一位丹麦物理学家，他在实验中发现了电流的电磁效应。这个发现马上引起了德国物理学家施威格的注意，施威格根据奥斯特的发现制成了最早的电流检测装置——倍增器。实现这个"倍增器"的核心技术，就是在多匝线圈中旋转的磁针。

当时的交通和通讯不如现代发达。奥特斯和施威格的发现在他们国家的科技领域引发了轰动，其他国家却并没有大的耳闻。直到法国科学院院士阿拉果去丹麦旅游的时候，才了解到了奥斯特的发现，阿拉果立刻进行了系统学习，回到巴黎后马上在科学院会议上作了介绍。结合施威格的研究成果，阿拉果做出结论：通有电流的铜线可以吸起铁屑，断开电流则铁屑散落。

安培

法国科学家安培对此表现出了高度的兴趣，他对奥斯特、施威格和阿拉果的发现给予了高度评价。然后安培立刻在自己的实验室里做起了类似的实验，不到两周安培就有了新的发现，这个发现后来也被称为安培定则，这个用来表示电流和电流激发磁场的磁感线方向间关系的定则，也叫右手螺旋定则，即：

安培定则一：指的是通电直导线中的安培定则，即用右手握住通电直导线，让大拇指指向电流的方向，那么四指的指向就是磁感线的环绕方向。

安培本来就在电流研究方面有很深厚的功底，只因在电磁现象发现前，很多理论和想法缺乏现实根据。现在有了电磁感应来助益，自然就会不断有新的发现。果然，随着研究的深入，安培又发现了电流的相互作用规律，即：电流方向相同的两条平行载流导线互相吸引，电流方向相反的两条平行载流导线互相排斥。

安培还发现了一个特别的现象，当电流在线圈中流动的时候，表现出来的磁性和磁铁尤为相似，于是创制出了世界上第一个用于电流实验的螺线管，同时在这个基础上发明了探测和度量电流的电流计，并根据自己的理论作了安培定则的补充。

安培定则二：指的是通电螺线管中的安培定则，即用右手握住通电螺线管，使四指弯曲与电流方向一致，那么大拇指所指的那一端是通电螺线管的 N 极。

如果你觉得这些东西已经很厉害了，接下来，你肯定会折服于安培真正的智慧。在当时微观世界还没有成为我们观测对象的情况下，人们对物质结构的知识知之甚少，人们并不能确定在物质的内部拥有什么。

聪明的安培提出了一个大胆的设想，这个设想至今仍然是认识物质磁性的重要依据。安培认为在分子的内部存在着一种环形的分子电流，这种电流让磁分子成了微观世界的小磁体，在不受到磁场作用的情况下，这些磁体彼此之间是杂乱无章相互抵消的，所以对外不显磁性。

但是在加入了外界磁场的作用后，分子间的电流开始趋于相同，就会在宏观效果上显示出磁性。这种说法是安培大胆假设来证明地磁成因的方案，但这不代表安培是一个只懂得臆想的人，事实上他是一个非常厉害的物理学家。

为了总结出电流元之间作用力的定律，安培不辞辛苦精心设计了四个精巧的实验，同时运用了高度的数学技巧，非常完美地描述了两电流元之间的相互作用同两电流元的大小、间距以及相对取向之间的关系。

这就是我们常说的安培定律，也正是因为安培在电磁学上的重大突出贡献，所以我们现在才将电流的单位命名为"安培"，以此来纪念这位伟大物理学家。

学科直通车

安培最推崇的电流测量法就是电磁效应，因此他专门制作了线圈放在永久磁极之间的检流计，到现在人们还在使用这种测量仪器。

我们平时经常说电荷是流动的，为什么这么说呢？电荷是怎样流动的呢？像水一样流动吗？水遵循的是重力原则，那么电荷遵循什么样的原则呢？

当时的人们已经发现了正负极的电荷，并且支持正电荷与负电荷的双流体学说，但是直到安培的理论出现才给了一个很好的说法，安培的理论称之为"扩电流"，这个理论认为不必去过度追求微观的细节，他主导让宏观和微观机理能够分开，方便宏观和微观条件下不同的工作展开。他还将电流的方向约定为所设正电荷的流动方向，这使电流有了确定的含义，人们描述电磁现象时就避免了混乱。

延伸阅读

18世纪末期，人们已经知道了什么是电，也知道了什么是磁，但是没有人会想到这两者之间有什么联系，直到丹麦科学家奥斯特的伟大发现之后，人们才将这两者联系起来。奥斯特这位坚信电、磁之间一定有联系的学者，经历了大量的失败实验最终成功论证了自己的结论。

事实上这本来也是一次偶然，奥斯特当时在哥本哈根大学给学生上实验课，他把导线与磁针平行放置，接上电源，这个时候意外的事情发生了，奥斯特发现小磁针向垂直于导线的方向跳了一下。奥斯特心想，难道我终于找到电磁之间的关系了？虽然这次跳跃很微妙，很不规则，但是也足以让奥斯特高兴得在讲台上摔了一跤。

这标志着电磁学的新时代已经来到了，奥斯特接下来花了三个月反复试验，终于确定磁针在电流周围都会偏转，而且磁针在位于导线上方的偏转方向，和位于导线下方的偏转方向是相反的。

1820 年 7 月奥斯特的论文《论磁针的电流撞击实验》完成，他在这份报告中讲述了他的实验装置和所有实验的结果，并且对实验作了一个总结：电流的作用仅存在于载流导线周围；沿着螺纹方向垂直于导线；电流对磁针的作用可以穿过各种不同的介质；作用的强弱取决于介质，也取决于导线到磁针的距离和电流的强弱；铜和其他一些材料做的针不受电流作用；通电的环形导体相当于一个磁针，具有两个磁极等。

奥斯特发现了电流磁效应，电学和磁学从此联系起来了。

第五节
伏打电池的诞生

蓄电装置被发现以后，人们才真正开始和电力打上交道。正是蓄电池的发现，才让人们最终消除了对雷电的畏惧，也让科学家不仅仅局限于观察和了解电力，而是更积极地探索如何有效地运用电。那么是什么机缘找到蓄电的窍门呢？这就要说到意大利波洛尼亚大学的生物学家伽伐尼。

生物学家和蓄电装置？这个组合看起来很奇怪，但是，在科学史上，这样的事情是很常见的。伽伐尼经常利用电击的手段进行试验，并且借此来研究生物反应。在一系列的探索和研究之后，伽伐尼成功了。

1786年的一天，伽伐尼正在实验室做着实验。一次寻常的闪电，使得伽伐尼解剖室台上的起电机发生电气火花，与此同时，这次闪电还让放在桌子上与钳子和镊子环连接的一只青蛙腿发生了痉挛，奇怪的是，这个时候起电机与青蛙腿之间并没有导体连接。面对这样的现象，伽伐尼很是奇怪，他试着把青蛙腿的一只脚吊高，然后用黄铜钩刺到青蛙的脊髓上，让这只青蛙能够接触到银制的台板，另一只脚可以自动垂到银台上方活动。这只青蛙每次一碰到银台，脚的肌肉就收缩，但是离开台板后又不自觉伸长去碰到银台。伽伐尼试着将钩子换成了银的，这时候就不再有这种现象了。

为了解开这个现象的谜底，伽伐尼做了一系列的探索和实验。他把金属丝与铁窗连起来，他发现青蛙的痉挛和晴雨天并没有关系，甚至直接用金属丝接触青蛙腿也没有出现痉挛。伽伐尼排除了一切外来电力的可能和干扰，确定只要用两种不同金属做实验，动物身上的电就能被激发出来，伽伐尼把这种电叫作"动物电"。

伽伐尼

伽伐尼的论文在当时引起了很大的反响，意大利物理学家**伏打**立刻在这个发现的基础上开始了其他相关实验。

伏打用一块金币和一块银币顶住舌头，然后用一根导线连接这两块钱币，舌头立刻感到了苦味。接着伏打拿出其中一块金币放在自己的眼皮上部，另一块依然用嘴含住，导线相连，伏打觉得自己产生了

趣味伏打电池

光的感觉，于是伏打推翻了伽伐尼的动物电说法，提出了"接触电"的理论。

伽伐尼和伏打因此展开了激烈的争论，伏打用实际的研究和发明证明了自己才是正确的。他把金属、黄铁矿、木炭等称为第一类导体或干导体；把含有金属元素的液体、盐、碱、酸等，称为第二类导体或湿导体。

到这里，熟悉电池结构的人可能已经看出来了。伏打在这些研究的基础上，用了三年的时间，研究各种金属接触生电的现象。

伏打发现有些金属在遇到不同金属时出现不同的带电情况，比如铜，在和锌接触的时候带负电，但是在和金接触的时候带正电。

现在的科学研究已经证明了这是金属失去电子的能力大小决定的，失去电子能力大的金属失去电子而带正电，能力小的金属获得电子而带上了负电。但当时的科学界还不知道这个原因，所以伏打的发现依然是世界最前列的。

根据这个研究伏打序列诞生了：锌、铅、锡、铁、铜、银、金、石墨、木炭。只要按这个顺序将任意的两种金属接触，排在前面的那种金属将带正电，排在后面的那种金属将带负电。

1799年对伏打来说是收获战果的一年，这一年里面他成功研制出了"伏打电池"——能持续产生电流的一个电源堆。

当时法国的统治者拿破仑意识到了伏打这个发明的意义，他在观看了实验之后，立即授权成立了一个专门的实验研究项目委员会，并且颁发了6000法郎的奖金和勋章给伏打。"伏打"从此便成了电压的单位。

于是人们也从摩擦发电机的历史往前走，进入了伏打电池的时代，取用电源变得非常方便，人们可以直接带着电器走来走去，所有移动的电器都是依靠伏打最初的发现而实现的。当我们拿起手机的时候，千万不要忘记了这位了不起的科学家。

 延伸阅读

古代人也有电池

1936 年盛夏的一天，伊拉克首都巴格达城外，修建铁路的工程正在热火朝天地进行着，工人们突然从地下挖出了一块石板，石板上刻有许多波斯文字。他们继续挖下去，发现这是一个由巨大石板砌成的石棺。石棺打开后，里面竟然有大量的铜管、铁棒和陶瓶，考古学家惊讶极了。

铜管、铁棒和陶瓶有什么好值得惊奇的呢？

原来这些东西经伊拉克博物馆馆长瓦利哈拉姆（德国考古学家）研究鉴定，认为这是古代用电解法将金、银镀在雕像上或装饰品上用的电池。铜管放入陶瓶中，灌入沥青固定；铜管中又插入铁棒，下面塞上沥青与铜管绝缘；再倒入一些酸性水或碱性水就会发出电来。这比 1800 年伏打发明电池要早两千多年。

古代电池

知识小卡片

伏打（1745—1827），意大利著名的物理学家，电学上的大家，出生于意大利科莫一个富有的天主教家庭。伏打在电学上做出了不朽的贡献，为了纪念他，人们将电动势（电压）单位取名伏特（伏打就是伏特）。

第六节
磁现象的发现

《管子》中有记载："上有慈石者，其下有铜金。"

《吕氏春秋》中也可以找到："慈石召铁，或引之也。"

东汉高诱在《吕氏春秋注》中谈到："石，铁之母也。以有慈石，故能引其子。石之不慈者，亦不能引也。"

《史记》中有用五石散内服治病的记载，磁石就是五石之一。

这么多文字资料的记录，充分证明了中国是对磁现象认识最早的国家之一。我们都知道四大发明之一的司南是最古老的指南针。以前我们一直将磁石写成慈石，想来是取磁铁固有的吸附的特性，认为和人性中母子感情相似，所以用"慈"来命名，事实上磁石在许多国家的语言中都含有慈爱之意。

我国古代在各个领域都经常用到磁石，比如用于医疗、航海、出行等。

可惜古人并没有深入去研究磁的本质，只是模糊地将之应用到生活的各个方面，缺乏细致的考证和研究。被称为"中国科学史上的坐标"的沈括，对磁现象也只是在《梦溪笔谈》里面简单地将之解读为"莫可原其理""未深考耳"，致使在中国历史上，一直未能出现可与英国吉伯《论磁》媲美的著作。

吉伯

吉伯是 16 世纪英国的一位医生。他就读于剑桥大学，1569 年获医学博士学位后在伦敦行医。吉伯最初学化学，后来学医，先后担任过女王伊丽莎白一世和詹姆斯一世的御医。吉伯喜欢做实验，任何事情都喜欢用实验结果论证后再加以确认。在那个时代，这并不是一件容易的事情，但是吉伯背景显赫、资金充沛，这些条件使得吉伯能够按照自己的心愿做事。这也是 1580 年吉伯能够顺利转移研究方向，投入到电磁研究中来的直接助力。当时，吉伯对磁石表现出了极大的兴趣，他甚至为此走访了无数的磁石专家，还拜访了很多对磁石有所研究的海员、旅行者和魔术家。他确认了磁石分成两半后会形成两块磁石，以及衔铁能使磁石的天然磁性加强的现象。

但吉伯并没有因为自己的发现而满足，他还在继续做着实验。实验中，吉伯还发现许多物体经摩擦后都具有吸引轻小物体的作用，即摩擦生磁的现象，他把这种现象和磁性本身进行了区分，借用希腊文"琥珀"词根，创造了"电力""电引力""磁极""起电物体"等术语，描述用天然磁石摩擦铁棒使它磁化的方法。

吉伯还用一块巨大的天然磁石磨制了一个磁球，然后将截短的小磁针放在这个磁球上，他发现磁球上的磁针表现出了和指南针相同的效果。无论放上去多少小磁针，这些磁针都指向同一个方向，也就是这块磁石的南北方向。

吉伯将自己这个磁球命名为小地球，并且作了一个大胆的假设，他认为地球就和这个磁球一样，实际上是一个巨大的天然磁石。吉伯甚至仿造经线的原理在这块大磁石上画出了子午线，并且将子午线在磁球上的两个汇交点称为"磁极"，他还发现了小磁针对磁球表面倾角的变化情况与地球上的磁倾角的变化情况也是相同的。

吉伯做过很多很多实验，他还曾经发现过带磁性的铁棒烧红后会失去磁性。我们知道琥珀、宝石、玻璃、硫黄、水晶石、树脂等被摩擦后会产生电流，能吸引轻物体，并使指针转动，他把这类物体称为"带电体"，将摩擦后不能使指针转动的金属称为"非电体"，他用带电体向周围发出电素的说法来解释电的吸引作用。另外吉伯还热情地投入发明，用简单的矢状指针自制了验电器。

理论研究方面，吉伯也有不少骄人的成绩，他指出了电现象和磁现象的差距，认为至少有以下六个方面的不同之处：

第一，磁性质是磁体本身的性质，电的性质主要来源于摩擦；

第二，磁力实际上只对少数金属起作用，电力是普遍的，可吸引任何轻物体；

第三，磁既有吸引又有排斥作用，电只有吸引作用；

第四，磁具有两个吸引区域，电只有一个中心区；

第五，磁体的作用不会受到中间纸片、亚麻布等中间物的客观影响，而电的作用会受中间物影响；

第六，磁力在水中不消失，电力在水中会消失。

学科直通车

磁的运用历史

磁铁矿在中国拥有悠久的历史，早在春秋战国时期，我们就已经挖出了这神奇的矿石。聪明的中国人还注意到了这种矿石与金属之间奇妙的吸引力。因为这种吸引力就如同慈母对子女的吸引，所以古人将磁石写作"慈石"。

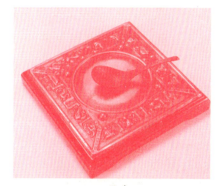

司南

磁石在古代的应用非常广，传说秦始皇统一中国后，在陕西咸阳建造了一座很大很华丽的阿房宫，用大块大块的磁石建造北阙门，以防备刺客。

又有传说晋代名将马隆的军队在战斗中屡战屡败，装备不如对方精良，马隆军队伤亡惨重。马隆眼看自己的军队损失重大，心里很是着急，希望能想出一个转败为胜的计谋来。他观察到对方军队都穿有大量的铁质盔甲，于是心生一计：在狭窄的小道旁堆放了大量强磁石，然后让自己的士兵穿皮革衣，拿木棍为主的长兵器。战斗的时候故意把敌人引到这条小道上，结果对方人马寸步难行，轻松获得了胜利。

上面讲述的都是磁石在军事方面的应用，接下来我们看看磁石在医学方面的应用情况吧。

磁石在医学方面起着很好的治疗作用。战国时，医药上已有利用磁石作内服药治病的记录。此外，还有磁被用作外用"药"的记录：如果有小孩子不小心吞了铁针，大夫会用磨得很光滑的枣核大小的磁石，钻一小孔，用线穿着，让小孩吞下，这样就可以把铁针吸出来了。

南宋时，有个医生用磁治疗耳聋：用黄豆大一枚磁石，以棉花包着塞到患者耳朵里；另用一块铁含在口腔内，这时耳朵里呼呼作响，犹如疾风骤雨，这样，耳朵就会恢复听力。

　　磁石还被聪明的古人用来进行创造发明。战国时期，古人利用磁指南的特性，制造了司南。到了北宋时期，我们的祖先发明了指南针，指南针很快变成了海上交通导航的主要工具。指南针的发明和使用，大大促进了航海事业的发展。

延伸阅读

磁悬浮列车

　　随着科技的发展，交通运输工具的发展也日新月异了，火车一次次提速，直至磁悬浮列车出现，这些都已经不算是什么新鲜事情了。尽管磁悬浮列车并不新鲜，但人们不一定清楚磁悬浮列车的工作原理和发展历史，下面就作简单的介绍。

　　磁悬浮列车是一种靠磁悬浮力（即磁的吸引力和排斥力）来推动的列车。由于其轨道的磁力使之悬浮在空中，行走时不需接触铁轨面，因此其阻力只有空气的阻力。磁悬浮列车

磁悬浮列车

的最高速度可以达到每小时 500 公里以上，比轮轨高速列车的 300 多公里还要快。

磁悬浮技术的研究源于德国，早在 1922 年德国工程师赫尔曼·肯佩尔就提出了电磁悬浮原理，并于 1934 年申请了磁悬浮列车的专利。1970 年以后，随着世界工业化，国家经济实力不断加强，为提高交通运输能力以适应其经济发展的需要，德国、日本等发达国家相继开始筹划进行磁悬浮运输系统的开发。

2009 年 6 月 15 日，我国国内首列具有完全自主知识产权的实用型中低速磁悬浮列车，在中国北车唐山轨道客车有限公司下线后完成列车调试，开始进行线路运行试验，这标志着我国已经具备中低速磁悬浮列车产业化的制造能力。

第七节
为什么螃蟹要横着走？

螃蟹走起路来总是不管不顾，横行霸道，你知道这是为什么吗？

通过注意观察可以看到，螃蟹虽然有八只脚两只大钳子，却总是横着瞎走。不知道是不是为了方便自己瞎走才长出这么多脚，而且这些脚都非常灵活，一共有七个关节，可以上下活动，如果不是遇到人类，螃蟹实在是一种自保能力和战斗能力都很强的动物。

大多数螃蟹头胸部的宽度大于长度，因而爬行时只能一侧步足弯曲，用足尖抓住地面，另一侧步足向外伸展，当足尖够到远处地

面时便开始收缩，而原先
弯曲的一侧步足马上伸直
了，把身体推向相反的一
侧。由于这几对步足的长
度是不同的，螃蟹实际上
是向侧前方运动的。然而，
也不是所有的螃蟹都只能
横行，成群生活在沙滩上

螃蟹

的长腕和尚蟹就可以向前奔走；生活在海藻丛中的许多蜘蛛蟹，还
能在海藻上垂直攀爬。

地磁学家告诉我们，螃蟹横行其实是受到地球磁场变化的影响，
这种现象的出现跟螃蟹的历史有关。螃蟹是非常有历史的地球主要客
人之一，不知道多少亿年前螃蟹就已经出现在了地球上。

地球曾经经历过很多次的地磁场倒转，小螃蟹的第一蟹脚内有一
个平衡囊，囊内有一种用来定方向的小磁粒，地磁场的倒转让螃蟹的
祖宗们十分痛苦，平衡囊内的小磁粒开始乱打转，于是螃蟹们出现了
定向混乱的问题，在精神崩溃的情况下它们索性乱来，开始横着走了，
你可以理解为现在世界上乱跑的螃蟹都是当初那批精神错乱的老螃蟹
们的后代。

直到今天，螃蟹的后代还是横行的。如果地磁场继续改变，螃蟹
也会有直行的时候。但是螃蟹的胸部左右比前后宽，八只步足伸展在
身体两侧，它的前足关节只能向下弯曲，这些身体上的结构特征也使
螃蟹只能横着走了。

 学科直通车

我们完全可以认为地球就是一个巨大的磁球，这个磁球的两端就是两极，N极在地球北极附近，S极在地球南极附近。如果我们在地球头顶上放上一个一模一样的地球，那么它们要么会亲热地撞在一起，要么就会不爽地把对方弹开。因为地球具有一切磁体的特点，相同的两个极互相排斥，不同的两个极互相吸引。

我们知道只要处于磁场中的物体都容易产生磁力，所以地球上的任何磁性物体，都受到地球大磁球的影响。所以我们才能发明指南针，使它永远一头指向北方，一头指向南方。

延伸阅读

鸽子的秘密

我们说螃蟹是通过囊中的小磁粒来判断方向的，那么空中飞的鸽子又是靠什么来辨别方向呢？鸽子这种永远能找到回家之路的动物引起了人们的巨大好奇，到底是什么让它能够清楚地知道自己的位置并能准确辨别方向呢？到现在人类也没有找出最合理的答案，只能认为和螃蟹与鱼相似，在鸽子的体内存在某种磁粒，它可以通过磁粒来找到方向。

鸽子

第八节
夸克的发现

人类在解剖微观世界上花了非常长的时间，大量的科学家投入到这个伟大的事业中来，居里夫人就是其中重要的一员。19世纪快要结束的时候，居里夫人打开了原子世界那道密闭的大门，证明了原子不是物质的最小粒子，电子和质子这两种亚原子粒子出现了。

走出了原子是世界上最小粒子这个误区后，剩下的事情就变得容易了，人们不断去往深处挖掘，想看清楚微观世界还有什么，发现得越多，对世界科技的影响力就越大。到了1932年，詹姆斯·查德威克发现了中子。

这次科学家们又开始怀疑一切到尽头了，也许中子就是世界上最小的粒子。

幸好科学家们没有放弃对科学的探索，虽然再往下探索非常难，但他们还是坚持了。粒子加速器的发现为这些科学家提供了条件，这台机器能够把中子打碎成质子，把质子打碎成为更重要的核子，科学家们期待在这种碰撞中找出宇宙诞生的秘密，至少也要知道黑洞诞生的秘密。

20世纪50年代的唐纳德·格拉泽将亚原子粒子加速到接近光速，再抛出充满氢气的低压气泡室。这些加速到光速的粒子在碰撞到质子（氢原子核）后，将质子撞碎成了一群陌生的新粒子。这些新粒子扩散时会留下一个极其微小的气泡，就是这小小的气泡暴露了它们的踪迹。

气泡室图像上这些细小的数量众多，各种各样的轨迹（每条轨迹表明一个此前未知的粒子的短暂存在）着实让科学家们感到异常困惑。他们始终想不明白这些亚原子粒子到底是什么东西。他们甚至无法猜测这些亚原子粒子究竟是什么。

这时候默里·盖尔曼出现了，这个当代世界的神童对热爱科学的人来说并不陌生，据说他3岁就能心算大数字的乘法，7岁就是拼单词比赛的冠军，8岁智力抵得上大学生。这么一个神童偏偏患有急性写作障碍，让他完成论文和研究项目太困难了，不是内容困难，是完成这件事情让他觉得困难。

默里·盖尔曼

默里·盖尔曼从耶鲁大学毕业后辗转在麻省理工学院、芝加哥大学和普林斯顿大学工作。24岁的那年，他也被那些气泡室图像里的奇怪粒子吸引了，这个天才决定要向这个难关发起挑战。

科学家当时已经可以估测每个粒子的大小、电荷、运动方向和速度，但是仅仅只有这些数据是不够的，当时几乎每年都有无数人给这些新粒子命名，但没有一个能够给予它们真正的身份。

默里·盖尔曼假定自然是简单、对称的，并且假定这些亚原子粒子是守恒的，在这些基础上他再对质子分裂时的反应进行分类和简化处理。他用自己开创的一种称为"奇异性（strangeness）"的测量方法，测量到每个粒子的量子态。

默里·盖尔曼发现自己可以建立起质子分裂或者合成的简单反应模式，但是有几个模式似乎并不遵循守恒定律。之后他意识到如果质子和中子不是固态物质，而是由3个更小的粒子构成，那么他就可以使所有的碰撞反应都遵循简单的守恒定律了。

这真是一个聪明想法，不愧是天才的思维。两年后默里·盖尔曼证明了这些更小的粒子存在于质子和中子中，并且将之命名为"k-works"，后来缩写为"kworks"。之后不久，他在詹姆斯·乔伊斯的作品中读到一句"三个夸克（three quarks）"，于是将这种新粒子又更名为夸克（quark）。

学科直通车

1891年，爱尔兰物理学家乔治·斯托尼把电的基本单位（粒子）命名为"电子"，不过他对这种粒子的性质却一无所知。汤姆逊决定就采用斯托尼起的名字（电子），因为这种粒子带有电流。1898年，法国人贝克勒耳通过摄影的方法发现了亚原子粒子的存在，从而证明了汤姆逊的发现。

延伸阅读

分子、原子、质子、中子等都是很小的微粒，任何物质都是由这些微粒构成的。我们可以粗略地将分子看成球形，分子内部有无数带有电子的原子，所以分子与分子之间就存在着分子力，分子力甚至超过了万有引力，但是这种力也同时有引力和斥力，所以我们看到的分子力其实是两种力的合力。

这种引力和斥力与物体之间的距离有关，但是引力和斥力增大的速度有所不同，在低于一定的距离时，引力的增长速度就会远远高于斥力。

第六章
速度和运动

主题引言

生活中随处可见速度和运动：晨跑的人在运动，跑步是以一种比较快的速度前进；马路边一边吃着早餐一边走路上学的孩子，也在运动，他用一种比较缓慢的速度前进。可以说每个人都在运动，每个人的运动都有一个速度。我们知道速度是用来描述物体运动快慢程度的物理概念，除了这个概念之外，你对运动的了解有多少？

自然界中运动速度最快的动物是谁？运动速度跟什么有关系？为什么速度有快慢之分？人们是怎样界定速度的？这些问题肯定也在困扰着你。来吧，聪明的你，通过这个章节的探索和学习，你对运动与速度肯定会有更深刻透彻的理解。

第一节
长度的由来

生活中时常会遇到需要测量长度的时候。我们想要了解物体的长度，就要知道长度的单位以及相应的工具来进行测量。我们知道千米、米、分米、厘米和毫米，但我们不一定知道这些标准是怎么来的，为什么毫米是毫米呢？一粒米的宽度是 1 毫米？还是一条蚱蜢的腿宽是

米原器

1 毫米？你知道国际单位"米"这个长度单位是怎么产生的吗？

现代长度度量标准的诞生是法国人的主意，也就是说国际单位里面的"米"起源于法国。

科学家们建议以通过巴黎的地球子午线全长的四千万分之一作为长度单位——米，1791 年法国国会批准了 1790 年 5 月由法国科学家组成的特别委员会的建议。

为了制造表示米的量值的基准器，法国天文学家捷梁布尔和密伸用了七年时间对法国敦刻尔克至西班牙的巴塞罗那进行测量，1799 年他们根据测量结果制成一根 3.5 毫米 ×25 毫米短形截面的铂杆，将此杆两端之间的距离定为 1 米，交给法国档案局保管，所以也称为"档案米"。这是米的最初定义。

遗憾的是，"档案米"很容易变形。1872 年的时候，人们放弃了用"档案米"来定义米，改用以铂铱合金（90％的铂和 10％的铱）制

造的米原器作为长度的单位。米原器的长度和"档案米"的长度一样，截面近似 X 形，档案米的长度以两条宽度为 6 毫米～8 毫米的刻线刻在尺子的凹槽上，总共制造了 31 只米原器。1899 年第一次国际计量大会上，第 6 号米原器被选作国际米原器，因为在 31 只米原器中，只有 6 号米原器在 0℃时最接近档案米的长度。

1927 年召开的第七届国际计量大会又重新定义了"米"，相较之前的规定，现在的定义更加严格，对米原器的使用温度和保存条件、方法作了具体的规定。但是米原器依然存在很多缺点，如材料变形、测量精度不高等，很难满足计量学和其他精密测量的需要。

20 世纪 50 年代，随着科学技术的发展，人们终于找到了一种不易毁坏的自然标准，即以光波波长作为长度单位的自然基准。1960 年第十一届国际计量大会对米的定义进行了更改，米的定义更改后，国际米原器仍按原规定保存在国际计量局。直到 1983 年 10 月召开的第十七届国家计量大会再次修正米的定义，最终形成了我们今天通用的米的定义。

学科直通车

纳米也是长度单位，符号为 nm，原称毫微米，就是 10^{-9} 米（10 亿分之一米），即 10^{-6} 毫米（100 万分之一毫米）。纳米比单个细菌的长度还要小。假设一根头发的直径是 0.05 毫米，把它径向平均分成 5 万根，每根的厚度大约就是 1 纳米。

知识小卡片

在没有规定长度单位的国际通用单位之前，世界上各国都有自己的长度单位，这些长度单位各不相同。

我国过去使用的市制长度单位有：市里、市丈、市尺、市寸、市分等，它们之间的关系是：

1 市里 = 150 市丈；1 市丈 = 10 市尺；

1 市尺 = 10 市寸；1 市寸 = 10 市分。

英国和美国使用的长度单位有：英里、码、英尺、英寸等，它们之间的关系是：

1 英里 = 1760 码；1 码 = 3 英尺；1 英尺 = 12 英寸。

为了适应各国交流的需要，国际计量局于 1960 年规定了一套统一的单位，称为国际单位制。在这个单位制中，长度的基本单位是米（m），此外还有千米（km）、分米（dm）、厘米（cm）、毫米（mm）、微米（pm）等。

第二节
时钟的产生

时钟在日常生活中随处可见，你知道时钟是怎样发明出来的吗？

1582 年的一天，伽利略在意大利比萨城的比萨大教堂里悉心聆听牧师讲道。充满了好奇心的伽利略发现教堂顶端的吊灯被风吹得在空中来回摆动，这是一盏从房顶直接悬挂下来的吊灯，它的吊绳很长，吊灯链条随风碰撞，这个声音激起了伽利略极大的兴趣。

摆钟

伽利略联想到了人的脉搏，身为医科生的他知道脉搏的跳动是有规律的。他在想，眼前这个吊灯的摆动是不是也有规律呢？

伽利略发现虽然吊灯摆动的距离在缩小，但是往返一次所需的时间却似乎是一样的。他又按住自己的脉搏测试了一遍，不论灯摆动的幅度多大，每摆动一次所需用的时间都是一样的。

这个意外的发现让伽利略欣喜不已，他赶紧跑回家做起实验来。他在门框上面钉了两根绳子，一根绳子长4分米，另一根绳子长2分米，两根绳子下面都拴上了一个铁块。

测算了两根不同长度的绳子的摆动时间之后，伽利略得出了一个惊人的结论：无论摆幅多大，最后铁块摆动的时间是一样的。

难道摆动的时间和摆幅的大小之间竟没有任何关系？为了解开这其中的奥秘，伽利略继续做着实验。他发现摆的长度能影响摆每摆动一次所需的时间，摆的长度越长，摆的周期也越长。就这样，年轻的伽利略发现了"摆的等时性原理"。

荷兰著名物理学家惠更斯根据伽利略的发现，利用"摆的等时性原理"制成了一座有摆的落地大钟。随后惠更斯又在此基础上发明了摆钟，正是这种能够准确计算时间的机器的出现，人们才开始慢慢掌握了精确测量时间的方法。

钟表的发展有一个漫长的历史，在这个过程中无数人为钟表的进步做出了突出的贡献。

学科直通车

古代有一种非常有意思的计时工具，那就是依靠太阳进行工作的日晷（guǐ）。虽然用日晷计时很方便，但是日晷却也有一个致命的弱点，那就是无法在阴雨天或者晚上工作。

为了弥补日晷的弱点，古代人们又发明了很多不依赖日光的计时方法，如沙漏、蜡烛等。

日晷

西汉时我国开始将一日分为十二个时辰：子、丑、寅、卯、辰、巳、午、未、申、酉、戌、亥。

十二个时辰对应现在的二十四个小时，每两个小时是一个时辰，其中半夜 11 点到凌晨 1 点相当于子时，标志着一天的开始；中午 11 点到下午 1 点是午时，标志着一天的中间。

延伸阅读

千分之一秒意味着什么？你可能觉得这个时间太短了，根本就发生不了什么事情，其实，这期间能够做的事情很多。

火车千分之一秒里能跑 3 厘米；声音能够走上 33 厘米；超音速飞机大约能飞 50 厘米；地球能够绕太阳转 30 米。别急，还有更快的，千分之一秒的时间里，光能走 300 千米。

第三节
身边的速度

优秀的田径运动员跑完 1500 米只需要不到四分钟的时间，也就是说运动员跑步的时候速度高达 7m/s。这个速度比人的普通步行速度 1.5 米每秒快得多。当然，这两个速度实际上是不能够相比的。按照步行的速度，我们可以持续走很长一段时间，运动员却只能持续很短的一段时间。

人造卫星

我们再看看自然界中其他生物的速度情况。众所周知，蜗牛速度慢是出了名的。它每秒钟一共只能前进 1.5 毫米，要花一个小时才能行进 5.4 米。另外一种典型的行动缓慢的动物就是乌龟，它只比蜗牛爬得稍微快一点，它一般的速度是 70 米每小时。

与行动缓慢的蜗牛和乌龟相比，人显得十分敏捷，但是跟周围一些行动还不算太快的东西相比，你会发现，人的速度其实是很慢的。自然界中比人类跑得快的动物太多了。如我们天天都能看到的苍蝇，它的速度竟然能够达到 15m/s。再如野兔、猎狗、羚羊、猎豹等等，自然界里面有很多动物都能高速奔跑。

人类发明了机器之后，世界上一切行动最快的动物都望尘莫及了，人类成了世界上行动最快的一种动物，在水中，我们可以借助客轮达到 60km/h ～ 70km/h 的速度；在陆地上，客运火车速度可以达到 100km/h；

在空中，现在一般的民用航天飞机是 900km/h；在太空，人造地球卫星速度大约 8km/s，飞向太阳系行星的宇宙飞船获得的初始速度已经超过第二宇宙速度 11.2km/s。

学科直通车

匀速直线运动中，速度在数值上等于单位时间里通过的路程。物体在单位时间里通过的路程和速度的数值成正比。事实上速度这个概念由两个因素决定：时间和路程。

速度的表示方法并不是绝对的，用单位时间里通过的路程或者用通过单位路程的时间，都是很好的速度计量方法，都能够反映出物体运动的快慢程度。

现代物理学中我们通常采用"单位时间里通过的路程"来计量，这是一个约定俗成的规定，因为这样规定给我们带来不少方便，而且已为世人所公认。所以，在一般情况下，我们都是按这个规定来计算速度的。

 相关阅读

世界速度之最

爬得最快的动物：太平洋中的棱皮龟，其爬行速度高达 35.2km/h。

跑得最快的鸟：鸵鸟，平均速度 72km/h。

飞得最快的昆虫：澳大利亚的一种蜻蜓，冲刺速度可达 58km/h。

飞行最快的鸟：尖尾雨燕，平均飞行速度为 170km/h，最快时可达

352.5km/h。

长跑最快的动物：藏羚羊，奔跑速度约 70km/h ～ 110km/h。

短跑最快的动物：非洲猎豹，速度可达 110km/h，大概是陆地上短跑最快的动物了，但这种速度维持的时间可不

藏羚羊

能太长，仅仅只有一分钟，然后就得用上二十分钟时间喘息、恢复。

游得最快的动物：旗鱼，每小时游速达 120 千米。

长距离飞得最快的动物：尾部有脊骨的褐雨燕，一般速度为 110km/h ～ 190km/h，最快的时候可以冲刺到 352.5km/h。

冲刺速度最快的鸟：游隼，速度可达 355km/h。

相对速度最快的动物：如果按身体大小的比例计算，世界上最快的动物是虎甲虫，它在 1 秒钟内的奔跑距离可达自己体长的 171 倍。尽管猎豹以速度著称，但它必须跑出 770km/h 的速度才能赶上这种昆虫。

第四节
相对运动

鸟和飞机相撞，可以算是世界性难题了。在世界航空史上，这一类事故屡见不鲜。飞机怕鸟，是因为飞机相对小鸟的速度很大，与小鸟相撞后的力量很大。

小鸟撞上大飞机，小鸟必死无疑，飞机会有怎样的命运呢？其结

局也跟小鸟差不多。有一次，一只鸟把波音 737 飞机的机翼撞出了一个大洞。另一次，一只小鸟撞进飞机的发动机内，飞机顿时失去控制，机上所有人员均遇难。

小鸟撞飞机

你也许会问：小鸟怎么会有那么大的力量撞毁飞机呢？

要想知道这个问题的答案，我们首先要了解物体运动速度的相对性原理。这个原理是说，运动着的物体是相对某一物体来说的，我们说，一架飞机的飞行速度是每小时 1000 千米，那是相对于地面来说的。如果两架时速 1000 千米的飞机面对面飞行，从甲飞机上看乙飞机，彼此之间的速度就是每小时 2000 千米。

小鸟在空中朝着飞机飞，相对于地面的速度如果是每小时 100 千米。从飞机上看小鸟，小鸟飞来的速度就是 1000 + 100 = 1100 千米每小时了。小鸟的速度那么高，因此具有极大的能量，能够把飞机撞坏。

据美国的统计，1965 年以来，因同飞鸟相撞引起飞机损伤的事件，每年平均在 350 起以上。1960 年 10 月 4 日，一架美国"伊莱克特拉"式涡轮螺旋桨喷气式客机，从波士顿起飞不久就撞上了一只飞鸟，导致飞机上的 4 台涡轮螺旋桨发动机坏了 3 台，整架飞机失去了平衡，一头栽到机场附近的小塘里，结果有 62 人死亡。

现代喷气式发动机都要从周围吸进大量的空气才能工作。此类发动机暴露面大，被鸟撞击或将鸟吸入的概率也大。如果飞鸟正好在它的附近飞行，就会身不由己地跟着空气一起被吸进发动机里去。发动机的旋转速度很快，飞鸟撞到高速旋转的风扇叶片上，其撞击产生的能量相当于一辆飞速行驶的小汽车撞向一堵坚实的墙。

高速行驶的车辆

这样的事情可不仅仅发生在空中，美国的赛车场上也发生过类似的悲剧，赛车手在冲向终点的时候速度还没来得及减下来，那些激动的亲友已经开始往赛道上扔鲜花和水果。非常不幸的是这些庆贺品变成了炮弹，以赛车所具备的速度砸向了赛车，直接砸死了里面的赛车手。

学科直通车

永不停息的运动

这个世界上没有绝对的静止，只有相对的静止。自然界中的万事万物都在运动，无论是行走的人群、飞翔的小鸟，还是奔驰的汽车、航行的轮船，甚至是远处的青山、桥梁、房屋等，都在以自己的方式运动着。

我们前面说过速度需要参照物，我们最常用的参照物就是地面。事实上我们任何时候都跟着这个地面在飞速地运动着，这就是地球的昼夜自转效应。任何静止的事物，比如青山、桥梁、房屋等都是相对于地球在静止，如果去和太阳、月亮相比，这些东西运动的速度可快得吓死人。

事实上就算相对于地球，这些东西也不是真正静止的，有些运动现象十分细微而缓慢，不容易察觉。例如屹立于我国青藏高原的珠穆朗玛峰，它每年都在偷偷地增高，这种速度可不是轻易能够观测到的。

星星是静止的吗？当然不是，这些家伙动得可快了，只是因为距离太遥远，看上去反而像是很安静的样子。天文学认为月球围绕地球运转每秒钟约移动 1 千米，地球绕着太阳公转每秒钟约移动 30 千米，太阳系绕银河系运动每秒钟约移动 250 千米……那些驾驶宇宙飞船翱翔于太空的宇航员，就能够清楚地观察到地球的运转。

地球

延伸阅读

"种下一粒子，发了一颗芽，开了一朵花。"

这是一句描述生命不息运动的句子。

"少小离家老大回，乡音无改鬓毛衰。儿童相见不相识，笑问客从何处来。"

这是描写漂泊者人生运动的句子。

"落霞与孤鹜齐飞，秋水共长天一色。"

这是描写自然美景运动变化的句子。

物体通过参考系来决定是运动还是静止，这就是运动的相对性。自古以来，诗人们就注意到了运动的绝对性与静止的相对性，并且经常以此为灵感创作美妙的句子。

"牛从桥上过，桥流水不流。"

桥下的水流就是参考系，才会出现"桥流水不流"的情况。

"两岸青山相对出，孤帆一片日边来。"

江中的行舟就是参考系，比较起来两岸的青山反而是"相对出"了。

"坐地日行八万里，巡天遥看一千河。"

小桥流水

这就是我们所说的坐在赤道的人可以享受的运动，一天八万里。

运动的相对性为诗人们的创造带来了灵感，同时它们也说明了自然界的万事万物都是运动的，而运动是有规律的，规律是可以为人类所掌握和利用的。

第五节
最便宜的旅行方法

惯性现象是我们日常生活中非常常见的一种物理现象。一切物体都具有惯性。

惯性原理是伽利略在1632年出版的《关于托勒密和哥白尼两大世界体系的对话》一书中首先提出的。当时，这个原理是作为捍卫日心说的基本论点而提出来的，不要小看了这个原理在当时的冒险意义，要知道那时候宗教意味着最高权力，宗教的观点里面地球才是世界的中心，所以古代科学家亚里士多德的地心说一直都是当时科学界的主流。

生活中，惯性现象很常见，我们知道一切物体都具有惯性，但如果没有伽利略，这个理论大概要晚上至少百年才能面世。

伽利略在惯性实验中将金属球放在斜面滚动，这个金属球匀速滚过光滑的水平桌面。如果桌面能够平滑到理论的极致，即不带给这个金属球任何摩擦力，那么可以认为这个球会无止境地滚下去，即在物体不受到外力作用的情况下，物体就会保持其原来的状态不变。

伽利略的实验结果证明了惯性原理。这个原理阐明物体只要不受到外力的作用，就会保持其原来的静止状态或匀速运动状态不变。

惯性原理的发现是近代科学的起点。

后来笛卡尔在伽利略的基础上进行了深入的研究，并得出结论：如果运动的物体不受任何力的作用，不仅速度大小不变，而且运动方向也不会变，将沿原来的方向匀速运动下去。

这个结论补充完善了伽利略的惯性原理，也成了现代社会所普遍认知的惯性原理。

被现代社会所普遍认知的惯性原理，来自于牛顿的《自然哲学的数学原理》，其定义如下："一切物体都将一直处于静止或者匀速直线运动状态，直到出现施加在其上的力改变它的运动状态为止。"牛顿第一定律就是我们所说的惯性原理。牛顿的惯性原理是经典物理学的基础原理之一。

这样奇妙的惯性给了很多艺术家灵感，17世纪法国一位作家写了《月国史话》这本讽刺小说，里面就提到了一个妙想，这个作者做物理实验时突然和他的玻璃瓶一起升到了空中，过了几小时他才降落，这个时候他已经不在法兰西，而是来到了北美洲的加拿大了。他认为自己在离开地球表面的时候，我们这颗行星还是和从前一样在从西向东转，所以他降落的时候就到了加拿大。

如果能实现倒是一件美好的事情，旅游只需要几分钟，悬在地球上空静静地等候就行了。

可惜这种奇异的方法始终只是一个幻想，就算我们升到空中也还是属于地球的，只要还在地球的大气领域内，我们都在被动地随着地球的自转而运动。

地球大气包含了我们看到的整个空气层，以及比较密实的下层空气和里面的一切，比如我们的飞机、云、我们幻想中跑到空中的自己，还有飞鸟和昆虫等，这些看上去像是脱离了大地的事物，其实都在地球的辖区内，大气也是地球质量的一部分，所以我们还是会跟着地球一起转动。如果空气不跟着地球转的话，我们岂不是每天都在被狂风刮，毕竟地球旋转的速度太快了。而空气之所以看上去是静止的，正是因为它们也在旋转中。这样的实例在我们日常的生活中也很多，如你骑车的时候，就算一丝风也没有，你也能够感受到逆风的感觉。

学科直通车

踢球的时候可以看到，由于惯性的影响，球会滚动相当长的时间，除非被外力又一次改变它的状态。

一切物体在没有受到外力作用的时候，总保持匀速直线运动状态或者静止状态。惯性现象就是物体保持原来运动状态的一种作用，不论这种运动状态是静止还是平动，或是转动。

延伸阅读

在不敲碎鸡蛋壳的前提下，你知道怎么分辨出一个鸡蛋的生熟吗？最简单的方法就是把鸡蛋放在一张很平的桌子上，然后使用两根手指夹住这个鸡蛋，轻轻地让它旋转起来。

　　生蛋通常会转得比较慢，熟蛋旋转起来就快得多。因为煮熟了的蛋是实心的，当我们用手去转动这个蛋的时候，它能够获得均匀的转动动能，整

旋转鸡蛋辨生熟

体是一致的，不会受到内部力量的影响，甚至你还可以让这个蛋竖立起来。但是生的鸡蛋就不同了，生鸡蛋是由很多不同质地的东西组成的，外部是固定的蛋壳，内部是蛋黄、蛋白，而且蛋黄和蛋白的密度还不一样，所以旋转的时候内部的液体就出来捣乱，反而起到了"刹车"的效用。不仅转起来慢，停下来也慢，熟鸡蛋稍微用手一捏就停稳了，而生鸡蛋稍微阻止一下之后放开手，你会发现它还在缓慢地晃动着。

第七章
力与机械

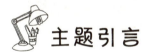 **主题引言**

  我们生活的世界中，到处都有力的存在。同样，我们也生活在一个充满各种各样机械设备的时代。简单地说，机械就是能帮人们降低工作难度或省力的工具装置，像筷子、扫帚以及镊子一类的物品都可以被称为机械，它们是简单机械。

  力是我们生活中的好朋友，力能让我们更加自在地生活在地球上。只有更加深入地了解力，我们才能更好地利用力。机械从古到今都是人们生活中必不可少的部分，聪明的人们进行了各种各样的探索，最终将力的知识与机械结合起来，为人类的生活带来了巨大的方便。

  同学们，赶紧开始你们探索力与机械之间的神奇奥秘的旅程吧！

第一节
万有引力定律的发现

万有引力是由于物体具有质量而在物体之间产生的一种相互作用。它的大小和物体的质量以及两个物体之间的距离有关。物体的质量越大，它们之间的万有引力就越大；物体之间的距离越远，它们之间的万有引力就越小。

牛顿

人们都知道从苹果落地中牛顿发现了万有引力定律的故事，其实那不过是法国启蒙思想家伏尔泰为宣传自然科学而编的故事。事实上，万有引力的发现，经历了一个漫长的历史过程。

在古代和中世纪，万有引力被认为是位置的一种性质，而不是物质的性质。从4世纪的亚里士多德开始，历史上就已经开始了对万有引力的探索。直到17世纪，科学家才把万有引力看作是物质的一种性质。

在牛顿之前，人们已经知道有两种"力"：地面上的物体都受重力的作用，天上的月球和地球之间以及行星和太阳之间都存在引力。这两种力究竟是性质不同的两种力，还是同一种力的不同表现？牛顿在剑桥大学读书时就考虑起这个问题了。

牛顿看到孩子们常常用投石器打几个转转，之后，把石头抛得很远。他们还可以把一桶牛奶用力从头上转过，而牛奶不洒出来。

这一现象激发了牛顿关于引力的想象："什么力使投石器里面的石头，水桶里的牛奶不掉下来呢？"这个问题使他想到开普勒和伽利略的思想。开普勒的研究成果对万有引力的发现有着不可磨灭的贡献。开普勒经过20年的计算和整理，于1609年发表了行星运动的第一、第二定律。后来又发表了行星运动的第三定律。他从宇宙太空、行星、月球、地球的运行，进而想到这些庞然大物之间力的相互作用。牛顿一头扎进"引力"的计算和验证中了。牛顿计划用这个原理验证太阳系各行星的运动规律。他首先推算月球和地球之间的距离，由于引用的资料数据不正确，计算的结果错了。但是，牛顿没有灰心，反而以更大的努力进行辛勤的研究。

牛顿是站在巨人的肩膀上发现万有引力的。在牛顿的时代，一些科学家已经有了万事万物都有引力的想法。而且牛顿和胡克曾经为了万有引力的发现权发生过争论。有资料表明，万有引力概念由胡克最先提出，但由于胡克在数学方面的造诣远不如牛顿，不能解释行星的椭圆轨道，而牛顿不仅提出了万有引力和距离的平方成正比，而且圆满地解决了行星的椭圆轨道问题，万有引力的优先发现权自然归属牛顿。

在牛顿的回忆录里可知，牛顿最先研究的是月球的运动。牛顿的平方反比律是由开普勒的行星运动第三定律得出的。要对椭圆轨道情况进行计算，显然牛顿还必须有一些关于微积分和基本力学定律的概念，牛顿在基础力学上有过众多发现，同时牛顿和莱布尼茨各自独立地发现了微积分。牛顿应用了微积分来计算万有引力。关于万有引力定律的发现权，历史的结论是：它是牛顿发现的。万有引力的表达式为：它的建立是牛顿定律和开普勒定律的综合的结果，而牛顿在其中起了关键的作用。

　　这个人类历史上出现过的最伟大、最有影响的科学家、物理学家、数学家和哲学家在 1687 年 7 月 5 日发表了《自然哲学的数学原理》。这本书里他使用了自己擅长的严密的数学手段、微积分等计算来完美地阐明了牛顿的核心理论，揭示了宇宙中最基本的法则——万有引力定律和三大运动定律。

　　这些定律被认为是人类智慧史上最伟大的一个成就，它们共同构成了一个统一的体系，也为牛顿的一生贴上了伟大的标签。

　　万有引力定律的发现，宣告了天上、地面的万物都遵循同一规律运动，彻底否定了亚里士多德以来宗教势力宣扬的天上地下不同的思想，这是人类认识史上的一次飞跃。

学科直通车

　　坐过电梯的你对这样的感受肯定不会陌生，当电梯开始下落的时候，你觉得自己的身体有一种轻飘飘的感觉，这种感觉让你有些不太舒服。如果你还坐过跳楼机，那这种感觉就更明显了。在物理学中，这种仿佛脚下是无底深渊的身体感受叫作失重感，如果我们不被地球的引力牢牢地抓在地面上，那么我们就随时都可能处在这种极度不适的感觉中。

　　在电梯或者跳楼机里面产生失重感的原因跟你下降的速度有关系，下降的速度越快失重的感觉就越强，闭上眼睛也能感受到这种失重，哪怕是在你不知道的情况下，你的身体也会告诉你。

电梯

失重的时候你的身体是随着电梯下降的，人和电梯都向下做加速运动，人的向下的加速度由人所受到的重力提供，电梯的加速度是由机械提供。人此时受到的支撑力小于重力，产生失重感。这一瞬间过去以后，当你的身体用比匀速下落的电梯更快的速度落下去的时候，就对电梯的地板施加压力，因此又恢复了原有的体重。你的这种失重的感觉也就停止了。

现在去实验室里面找一个弹簧秤，然后将一个砝码挂在弹簧秤的钩子上，你会发现弹簧秤的弹簧钩会连同砝码一起迅速地往下落，注意秤上指示的数值（为了观察方便，可以把一小块软木嵌到弹簧秤的缝里来注意软木的位置变化）。你会看到，在砝码和秤一同落下的时间里，弹簧秤所指示的并不是砝码的全部重力，只是很小一部分的重力。同样的道理，如果我们直接将弹簧秤连着砝码一起从楼上扔下，你去注意观察秤所指示的数值，那么毫无疑问，弹簧秤上面不会显示一点重力变化，就算被地球吸引，它所指示的数值依然是 0。

即使是最沉重的物体，当它从高空往下自由落下的时候，也会变得好像完全没有了重力。这个现象解释起来并不复杂。什么叫作"重力"呢？物体受到的重力是由于地球的吸引而产生的，有时表现为物体对它的悬挂点所施的下拉力或者对它的支点所施的压力。但是，自由落下的物体对弹簧秤并不施加任何下拉力，因为弹簧秤也跟着一同落下。

延伸阅读

去过沙漠的人肯定会发现一个问题，沙漠中行路特别困难，我们的脚在沙漠中陷得很深，步履艰难，但是如果我们去弄来一块巨大的滑板，利用这个滑板在沙面上滑行，行进就变得容易了起来，而且速度还非常快，这是为什么呢？

气功表演者赤裸上身，躺在布满尖钉的滚板上，即使让一个人站在表演者的身体上也毫发未损。假如表演者躺在一颗尖钉上，钉子必将扎入身体。这又是什么原因？

沙漠

修建房屋的时候，楼层修得越高，如果地基打得不牢固的话，可能会使地面下陷，楼房倒塌。你知道原因是什么吗？

通过比较发现，接触面越大的东西所产生的压力越分散，接触面越小压力越集中。为了比较压力分布的情况，我们把单位面积上的压力叫作压强。压力越集中，单位面积上的压力越大，压强也就越大；反之，压力越分散，压强越小。

气功表演者躺在布满尖钉的滚板上，分散了压力，所以不会受伤。楼层越高对地基的压力就越大，地基不牢固，当然会出事故了。

生活中我们对压强的需要是灵活变动的，有时候我们需要减小压强，有时候又需要增大压强，该如何解决这个问题呢？懂得了压强的原理，你就知道如何去改变受力面积，使压强根据需要而发生变化了。

很久很久以前，北京人用石英岩打制了各种尖状石器，用于生产和狩猎；比这更早的元谋人，也已经学会制造简单的尖状石器；直到现代，各种刀、斧、钉、针等利器，都是利用缩小受力面积的方法来加大压强。由此可见，我们的祖先很早就学会使用这个原理了。

第二节
探索作用力与反作用力

作用力与反作用力是一种很普遍的自然现象。物理实验表明，两个物体之间的作用力和反作用力，总是大小相等，方向相反，沿同一直线分别作用在两个物体上。

当你在湖面上划船，为了阻止一艘即将撞上你的小船，可用浆将这只小船推开。这时你会发现，两艘船同时移动。因为你推另一艘船时，那艘船也以相同的力推你的船。用木板砸钉子，钉子在被砸下去的同时，也给上面的木板以反作用力。拉车也一样，你用绳子拉车的时候，同时也会感觉到绳子在向后拉你，把你的肩头勒出一道沟。

甲物体作用于乙物体，乙物体也同时作用于甲物体，我们分别称它们为作用力和反作用力。这两个力必定同时出现，谁也不能单独存在，有作用力必定有反作用力。

作用力和反作用力是一对孪生兄弟，形影不离。比如磁石吸铁，不光有作用力，还有看不到的反作用力。通过小实验我们会发现，把两个软木塞分别别上一枚磁针和铁针，让它们同时浮在水面上，叫磁针去吸铁针。结果不仅铁针在向磁针靠拢，磁针也同时向铁针靠拢，说明铁针也在吸引磁针。

从上面的例子中，我们知道作用力与反作用力总是同时产生同时消失的，绝不会单独存在。但是，这对"孪生兄弟"又是两个

钉钉子

死对头，总是背道而驰。

首先，作用力和反作用力总是分别作用在两个物体上，决不作用在一起。

用自己的左手使劲打右手，两只手都会感觉到疼痛，这说明左手有一个力作用在右手上，右手上一定也会同时有一个力作用于左手上。你在旱冰场里滑旱冰的时候，双手用力推墙壁，双手推的力作用在墙壁上，墙壁上的反作用力作用在你手上，并推动你后退。从高处往水泥地上砸石块，水泥地受到石块的作用力，同时也有反作用力作用于石块，令石块粉碎。水的浮力作用在轮船上，轮船的反作用力作用在水上。

学科直通车

两个物体之间的作用力和反作用力总是大小相等，方向相反，作用在同一条直线上。这就是牛顿第三定律。

这就出现了一个有趣的疑问，作用力和反作用力是相同的，怎么还会有拔河这项运动

拔河比赛

呢？聪明的人可能已经发现了，拔河可不仅仅是场上双方向后拉的力，真正的较量对象其实在我们的脚下。

运动员是在和脚下的摩擦力较量，体重、力量和你对地面的最大静摩擦力决定了这场拔河的胜负。

相关阅读

根据牛顿第三定律，人们发明了起跑器、无坐力枪炮和火箭等。能把卫星和宇宙飞船送上太空的火箭，就是应用这一原理的最杰出成果。航天事业的发展离不开火箭，现代运载火箭就起源于古代火箭。

火箭

准确地说，火箭是由智慧的中国人民最早发明的，中国是古代火箭的故乡。中国古代火药的发明与使用，为火箭的发明创造了条件。北宋后期，民间流行的可升空的"流星"，就利用了火药燃气的反作用力。按其工作原理，"流星"一类的烟火就是世界上最早用于观赏的火箭。到了明代初年，军用火箭已经相当完善并被用于战场，称为"军中利器"。虽然古代火箭、火药都是中国人发明的，但后来因长期不重视科学技术的发展，使得中国古代火箭一直未能在中国这片土地上发展成现代火箭技术，这不得不说是中国科技史上的一大遗憾。

第三节
揭秘摩擦力

前面我们已经在拔河中提到了摩擦力的存在，摩擦力是自然界中最常见的一种力，我们能够站在地面上而不滑倒就是依靠的摩擦力。

踏步

也许有人看到了摩擦给人们带来的许多不方便：它阻碍相对运动，摩擦会带来磨损，比如我们的鞋底就容易磨穿，磨损会使机械的寿命大大缩短，一辆车可能用上十年就要准备报废，家里的电器会在使用中老化，磨损使人类消耗大量的能源和其他财富。摩擦似乎成了我们的敌人。但是，如果你以为没有了摩擦，我们的生活会少一些烦恼，多一些愉快，那就错了。

没有摩擦也许家里没有任何一个家具可以待在原地，它们会往低处滑动。没有摩擦，人将无法走路，站不稳，坐不住，人将无法吃饭，也握不住笔，拿不住书。一句话，没有摩擦，人将无法生活、工作、学习，世界上将没有建筑物的存在。

就算不是完全没有摩擦，只是减少摩擦，也会给人们的生活带来许多不便，甚至灾难。在结了冰的路面上走路，你会感到比平时走路困难得多。

但是摩擦是不是就真的那么好呢？其实也不是的。工业中的摩擦就是一个捣蛋鬼。摩擦给我们带来了巨大的挑战，我们在工业设计中总是试图让这家伙消停一点，好让更多的力不被浪费。比如磁悬浮轨道的出现，就是让火车能够摆脱轨道的巨大摩擦，但还是摆脱不了空气中的摩擦。

所以，摩擦是一把双刃刀，我们离不开它，但它也经常给我们带来困扰，如何利用和控制摩擦是未来工学领域永恒的话题。

充分认识摩擦，应用摩擦需要能够正确看待摩擦的两面性，世界上为研究摩擦而做出贡献的科学家非常多，正是这些人推动了摩擦研究的进步。

文艺复兴时期也是一个科学大爆发的时期，这个阶段涌现出了很多了不起的艺术家和科学家，这个阶段可以说是现代整个欧洲复兴的基石。

达·芬奇是最早研究摩擦的人之一，他研究摩擦的目的是为了适应当时繁荣起来的造船工业。

冰上行走

达·芬奇率先提出了确切的摩擦概念，他认为愈是光滑的东西，摩擦程度愈低，在力学还没有成为主流的情况下，达·芬奇将固体表面的粗糙程度，即凹凸程度认定为摩擦的起因。

这一想法后来由库仑提出的摩擦的凹凸说加以完善。

凹凸说认为：摩擦力的产生来源于物体表面的凹凸不平，无论怎样加工也无法形成完全光滑的物体表面，所以当两个物体互相接触的时候，这些或大或小的凹凸会互相咬合。为了让这些物体发生滑动，就必须有能够战胜这种凹凸的力，或者破坏掉其中的凹凸部分。

这种学说在很长时间内都是世界公认的自然规律之一，直到英国物理学家德萨古利埃对凹凸说提出怀疑。

德萨古利埃认为摩擦力其实是摩擦面上各个分子间的相互作用力，这个理解看上去似乎也是很有说服力的。根据这个见解，物体表面愈光滑，摩擦面愈是互相接近，表面的分子力影响理当有所增加，这样摩擦力也就增大。这个说法一直没有得到实验的证实，因此凹凸说仍然占着统治地位。

直到进入 20 世纪以后，人们才开始真正对分子说展开深入的研究，随着我们现在的研磨技术的进步，曾经看上去是悖论的事情竟然变成了现实。

在物体接近光滑的时候，彼此的摩擦力是很小的，但是继续研磨下去，当这种光滑度超过某个阈值的时候，摩擦力反而开始增大了，如果能够完美地将两个金属表面打磨到极致光滑，这两个东西甚至可以黏合在一起，这种现象就强有力地支持了德萨古利埃的分子说。

怎样圆满地解释摩擦力的起因，目前尚没有定论，摩擦的本质也没有取得完全一致的意见，科学家们对摩擦的研究一直很活跃。

学科直通车

为了与摩擦作斗争，人们充分地利用了从凹凸说中找到的灵感。如利用滚动摩擦代替滑动摩擦，所以我们有了圆形的轮胎而不是一块大滑板。又如使用大量的润滑油，让直接的物质摩擦变成润滑物质间的摩擦。

还有专门的摩擦学设计，通过合理的设计来实现减少磨损的目的。

轴承

延伸阅读

摩擦包括了静摩擦、滑动摩擦和滚动摩擦三种形态，其中静摩擦是摩擦世界的老大，它占据了最多的领域。

为什么会这样呢？这是因为摩擦是由压力产生的，在没有压力的情况下是不存在摩擦的。比如我们跟地面发生摩擦，是因为我们站在地球上，对地面有一定的压力。

第四节
解密"千钧一发"

"千钧一发"这个成语比喻事情万分危急或紧要，已经到了极危险的地步，好像一根头发系着千钧重的东西。说起这一根头发所能承受的重量，倒真的是包含着一定的物理学道理。

一根头发丝是很脆弱的，但是一把头发就未必了，比我们好奇心要重得多的古人经常做这种实验。秉持着爱科学爱生活传统的墨家学派就经常做各种有趣的实验，比如发辫悬挂重物。

在这个实验中，墨家学派的科学家发现了一个很奇怪的现象，为什么有的头发被拉断了，有的头发又是好好的呢？《墨子·经说下》记载："均发，均县（悬）。轻而发绝，不均也。均，其绝也莫绝。"当头发共悬一件重物时，由于松紧不同，被拉紧的一部分头发承受了全部重量，尽管重量不是很大，但这些头发往往先被拉断，其他部分头发也相继被拉断。根据这个现象，他们得出结论，假如重物的重量能够均匀地分配到每一根头发上，这些头发就一根也不会断。这在当时来说已经是十分科学的解释了，从中可以看出有关力学上的力与压强的概念。

《列子·仲尼》篇说："发引千钧，势至等也。"从某个程度上来说跟墨家学派的实验有很大关系，可见那时候的各大学派之间互相渗透。在这句话里面提到的势已经很接近现代概念中的力了，可见那时候中国的科学就进入了黄金期，只是遗憾没有得到进一步的深入认识。

晋代张湛注《列子》："夫物之所以断绝者，必有不均之处。处处皆均，则不可断。故发虽细而得秤重物者，势至均故也。"

科学家们认为一根包含了 20 万根头发的发辫，在均匀受力的情况下可以承重 20 吨。

据说曾经有一对夫妻同时掉入悬崖，结果妻子的头发缠在了树枝上，过了好久头发也没有断裂，承受了两个人的重量，于是这对夫妻最后都得救了。

这个故事唯一的缺陷可能是妻子的头皮不知道有没有那么大的承受力，但是毫无疑问，那一头秀发肯定不会轻易断裂，一定能承受住两个人的体重。

学科直通车

物体的形状影响着它能承受的外力，这是一条重要的力学原理。比如用力折树枝就会先弯曲，然后断裂，这就是力量改变了形状。

举世闻名的筑拱技术最先出现在中国。其中最古老的杰出拱形建筑物是我国的赵州桥，它位于河北赵县的洨河上，历时 1000 多年，这座桥始终没有垮掉，它至今仍然屹立在洨河之上。

因为知道力和形变之间的关系，所以很容易理解拱形物体最能承受外来压力的这一性质，而古代当然最佳的利用方法就是把它运用到建筑上去。

现在建筑的双曲拱桥就是在继承并发展了拱桥建筑的传统上改进的，从外形看双曲拱桥同一般的空腹拱桥没什么区别，但是从桥下往上看，你会发现这座桥的拱中有拱，能够更好地承接外力。

科技工作者们还根据物体形状影响着它承受外力的原理，设计生产出不同形状的钢铁。如我们经常看到的 V 形或 L 形角钢的巨型机械，在工地上就非常常见，那些塔式起重机、钻探井架，它们都会使用这种重叠的钢材来增加固着力。

如果再把两个 L 形钢材组在一起那就是槽钢了，在交通领域里面随处都可以见到槽钢的身影，因为无论是铁桥还是一般机器，槽钢都是必不可少的底架。

两个槽钢背对背，那就形成了工字形钢轨，而这些最初都是从角钢演化而来的，钢材的反复叠加组合，增强了钢材本身的承重力，包括 T 形钢在内，其实都可以看成是角钢的变形，正是这些多种多样的钢材，才让这个世界变得更加坚固耐用。

💡 延伸阅读

很早以前世界上就已经出现了拱形结构，如中国的弧拱，古埃及、希腊的券拱，古罗马的半圆拱，拜占庭的帆拱，罗马建筑的肋形拱，哥特建筑的尖拱等。拱形作为一种特殊的结构，能够使强度一般的材料变得"坚硬"，从而增强器物承受压力的能力。

赵州桥

拱形为什么具有如此强大的承压能力呢？

原来，拱形承受压力时，可以把压力向下、向外传递给相邻的部分，使自身受到的力分到不同的受力点，压力分散了就会产生一个向外的推力，拱就能承受很大的重量，这就是拱形的力学原理。

拱形结构经历了漫长时间的演化，除了一般的形状外，还有类似半球形的形状。生活中，我们时常可以看到拱形，大到桥梁、建筑，小到安全帽、电灯泡，拱形可谓是无处不在。

电灯泡为了透光，玻璃做得很薄，但球形可以使薄薄的玻璃变得坚固；半球形的安全帽，可以使头部在受到重物砸击时将力分散，从而防止头部受伤；大型储油罐做成球形，大大增加了安全系数。虽然拱形结构在很多方面都有应用，但是它最主要的运用还是在桥梁和建筑方面。早在古代，拱形结构的建筑理念就已经被广泛运用。我国的赵州桥就是一个非常典型的例子，它是我国现存最早，保存最完善的拱桥之一；黄土高原的窑洞，其历史可以追溯到4000年前，它内部球形的窑顶和拱形的洞口使其能够支撑起厚厚的土层；清真寺的巨大球形顶也是拱形结构在建筑中的应用；欧洲哥特式建筑堪称建筑史上的经典，其中的巨型拱形门就是拱形结构的应用；巴黎的四大代表建筑：埃菲尔铁塔、凯旋门、罗浮宫、巴黎圣母院无一例外都运用了拱形。

现代，拱形在建筑、桥梁方面的作用也丝毫没有减少。半球形拱形

悉尼歌剧院

屋顶结构运用相当广泛，中国国家大剧院和悉尼歌剧院就是很典型的代表，在桥梁方面，上海卢浦大桥是当今世界第一钢结构拱桥，是世界上跨度最大的拱形桥，整座桥就是靠那个巨大的拱形架支撑的。

虽然现代的拱形建筑和桥梁在外形上和古代有很大差别，但它们所利用的原理都是一样的。

第五节
探索古代杠杆的运用

杠杆是简单机械之一，杠杆在我国古代就有了许多巧妙的应用，护城河上安装使用的吊桥就是一个杠杆。但是，我国古代杠杆的使用或许可以追溯到原始人时期。当原始人拾起一根棍棒和野兽搏斗或用它撬动一块巨石时，他们实际上就是在使用杠杆。石器时代人们所用的石刃、石斧，都用天然绳索把它们和木柄捆绑在一起，或者在石器上凿孔，装上木柄。这表明他们在实践中懂得了杠杆的经验法则：延长力臂可以增加力的作用效果。公元前3世纪左右，中国人民就已经发现杠杆平衡及力矩的原理。力和力矩的概念是古代的劳动人民在长期的劳动实践中，通过使用简单的机械如滑车、轮轴、

桔槔

桔槔、辘轳等的过程中发展起来的。

当今世界上有很多人使用筷子吃饭，几乎一日三餐都离不开它。筷子由两根细长的木棍或竹棍组成，这两根棍子就构成了一件设计精妙的器具。

辘轳

用筷子夹起食物送到嘴巴这个过程中，简单的动作包含了杠杆原理的应用。

辘轳也是从杠杆演变来的汲水工具。据《物原》记载："史佚始作辘轳"。史佚是周代初期的史官。公元前1100年前，中国发明了辘轳，春秋时期，辘轳已经十分流行。辘轳广泛地应用在农业灌溉上。新中国成立前我国的北方缺水地区，依然使用辘轳提水灌溉小片土地。现在一些地下水很深的山区，也还在使用辘轳从深井中提水，以供人们饮用。

学科直通车

杠杆分为三类：省力杠杆、费力杠杆和等臂杠杆。

费力杠杆：理发剪刀、镊子、钓鱼竿等。

省力杠杆：开瓶器、榨汁器、胡桃钳等。

等臂杠杆：天平、跷跷板等。

　　龙骨水车是一种高级的抽水工具。水车看起来像龙的骨架，这也是它得名的缘故。它的主要装置是一个木板制成的槽，在这个槽内有很多通过销子连结起来的木块，这些瓦片大小的木块彼此之间相隔一定的距离。人只需要站在这个水车顶端的木架上，用脚踩动拐木，下面的木块就会被机械带动着往上移动，那么就自然将水提上岸了。

　　有了龙骨水车，那么水车磨坊和磨坊石也不是什么太难的事情，早期的水车磨坊并没有齿轮的设置，完全靠转轮水平地在河流中转动水的力量在桨叶轮边缘，可使中心轴旋转而带动转轮的轴心推动磨坊石。后期的水车磨坊的转轮利用轴心设于磨坊石的上方，通过锯齿轮推动磨坊石。

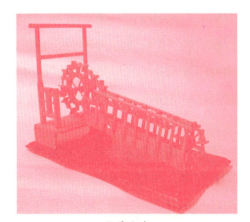

龙骨水车

第六节
胡克定律的发现

　　胡克是 17 世纪英国最杰出的科学家之一。他在力学、光学、天文学等多方面都有过重大的成就，他曾经先后出任过地质学教授、测量员、

伦敦市政检察官，这是一个无论在理论上还是实践上都有着丰富经验的科学家，他在实践中所设计和发明的科学仪器在当时是无与伦比的。

我们前面提到过弹簧秤，你有没有想过，用弹簧秤去称几百公斤重的东西，那肯定是不行的，弹簧秤没有那么大的强度，只要一用力，弹簧秤就损毁了。自古以来我们就不缺乏重量衡量的方法，但是我们却不知道有没有足够强度的材料，能够支撑起更重的物品。

胡克

达·芬奇测量过铁丝的强度，伽利略测量过悬臂梁加上重物后的弯曲程度，胡克则选择了弹簧，测量弹簧承受重物后的形变的程度。胡克的实验室里全是各种各样曲直不同、长短不一的弹簧，他每天观测各种各样弹簧的数据，并且根据这些数据去推算弹簧的性能。

通过大量的实验，胡克找到了他想要验证的规律：弹簧上所加重量的大小，与弹簧的伸长量成正比。

找到了自己想要验证的规律后，胡克又开始了新的思索，他在想是不是有弹性的物体都和弹簧一样具有这种性质？有了这样的疑问之后，满怀探索精神的胡克开始进行更多的实验。这一次，胡克选择用表的游丝做实验。他把表的游丝固定在黄铜的轮子上，加上外力使轮子转动，游丝便随着轮子的转动而收缩或放松。改变外力的大小，游丝收缩或放松的程度也会改变。实验结果表明，外力大小与游丝收缩或放松的程度成正比。

自从胡克发现弹性规律以后，很多科学家在此领域进行了进一步研究工作，从而发展和完善了弹性力定律。

19世纪时，托马斯·杨在胡克等人的研究成果的基础上作了扩展，推算出施加给弹性体的外力与不同物体的改变之间的比例常数，即杨氏模量。同时托马斯·杨还提出弹性体的伸出量有限度，超过了这个弹性限度，弹性体就会发生破损，自然就没有什么弹性力了。

从胡克到托马斯·杨，经过多位科学家的长期努力研究，最终准确地确立了物体的弹性力定律。后人为纪念胡克的开创性工作和取得的成果，便把这个定律叫作胡克定律。

学科直通车

胡克定律，又名弹性力定律，内容为：弹力的大小跟形变的大小有关系，形变越大，弹力也越大；形变消失，弹力也随着消失。弹簧发生弹性形变时，弹力的大小 F 跟弹簧伸长（或缩短）的长度 x 成正比，即 $F = kx$，式中的 k 成为弹簧的劲度系数，单位是牛顿每米。

胡克定律仅适用于特定加载条件下的部分材料。钢材在多数工程应用中都可视为线弹性材料，在其弹性范围内胡克定律都适用。另外一些材料（如铝材）则只在弹性范围内的一部分区域符合胡克定律。还有一些材料在任何情况下都不满足胡克定律（如橡胶），这种材料称为"非胡克型"材料。

延伸阅读

生活中弹簧是无所不在的，我们随时都能发现各种各样的弹簧在为我们服务。

日常生活中比较常见的弹簧是螺旋形的。这种螺旋弹簧的应用很广泛，实验室中使用的弹簧秤是螺旋弹簧，扩胸器的弹簧也是螺旋弹簧。任何弹簧都有长短

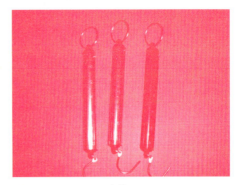

弹簧秤

粗细的区别，螺旋弹簧也不例外。弹簧秤的弹簧明显比扩胸器的弹簧要短和细。螺旋弹簧在拉伸或压缩时都要产生反抗外力作用的弹力，在弹性限度内，形变越大，产生的弹力也越大；一旦外力消失，形变也消失。

片形或板形的弹簧叫簧片或板簧。口琴、手风琴里就有铜制的发声簧片，许多电器的开关中也有铜制的簧片，玩具、钟表里的发条则是钢制的板簧。这些簧片和板簧弯曲时会产生恢复原来形状的倾向，弯曲得越厉害，这种倾向越强。

第八章
课本中的名人

主题引言

  我们今天的幸福生活离不开物理学大师们，是他们的不懈探索为我们解决了各种各样的难题，为我们的生活带来了各种各样的便利。虽然他们很多人都已经与世长辞，但是他们的科学探索精神，他们孜孜不倦的科研态度为我们留下了可贵的精神财富。

  站在科学技术高度发达的时代，重新回顾在艰苦环境中积极探索的科学家们，具有深刻的反思作用。

  同学们，一起去文字中拜谒各位伟大的科学家吧，让他们的精神永远闪耀光辉！

第一节
伽利略

　　1564 年，意大利的比萨城有一个后来闻名世界的科学家诞生了，他就是注定要与比萨斜塔结缘的伽利略。伽利略出生时，家族已经没落，生计很是困难。17 岁那年，伽利略考进了比萨大学。在比萨大学求学期间，伽利略学习非常努力，经常提出一些疑问向老师请教。哪怕是一些人们司空见惯、习以为常的现象，只要他不明白其中的道理，他都会找老师问清楚。

"两个铁球同时着地"实验

　　因为家族的没落，大学没上完，伽利略就失学了。失学后，伽利略回到家里帮忙，但是好学的伽利略并没有因此放弃学习，他还是很刻苦地学习，每天都在自己的小小房间里面，埋头钻研数学。

　　伽利略的发明天赋逐渐显露，他发明了一种比重秤，并写出了一篇题目为《固体的重心》的论文。聪明的伽利略 21 岁就已经闻名全国，并于 25 岁那年被比萨大学破例聘请为数学教授，人们都称他为"当代的阿基米德"。

伽利略之前的古希腊哲学家亚里士多德认为，物体下落的快慢速度是不一样的。物体的下落速度和它的重量成正比，物体越重，下落的速度越快。比如说，10千克重的物体，下落的速度要比1千克重的物体快10倍。

1700多年以来人们一直认为物体下落的速度和物体本身的质量有关系，认为质量比较大的物体下落的速度比较快，石头下落的速度比羽毛下落的速度快。

这些看上去似乎是理所当然的事情，是不可怀疑的真理。但是，年轻的伽利略根据自己的经验推理，对亚里士多德的这一说法提出了疑问。经过一番思考之后，伽利略选择了比萨斜塔作实验场，他打算亲自动手做一次实验来验证自己的观点。

做实验那天，伽利略准备了两个大小一样的铁球，这两个铁球一个是实心的一个是空心的，重量相差100倍。伽利略站在比萨斜塔上面，这时候，塔下已经站满了闻讯前来观看的人。

实验开始了，只见伽利略两手各拿一个铁球，对着塔下的人们大声喊道："下面的人们，你们看清楚，铁球就要落下去了。"说完，他把两手同时张开。

人们看到，两个铁球平行下落，几乎同时落到了地面上。看到这一幕，所有的人都惊得目瞪口呆。大胆的、年轻的伽利略推翻了亚里士多德的学说，塔下面站满了的观众都是证明。

当时的欧洲还是宗教统治下的世界，没有人敢于提出跟宗教观点有致命冲突的想法。我们都知道提出"日心说"理论的哥白尼，这个当时波兰最杰出的天文学家，他根据40年的天文观测，提出了"日心说"的理论，结果被宗教分子活活烧死在了广场上。

伽利略是"日心说"的忠实拥护者，伽利略自己改造了一个可以将原物放大 32 倍的望远镜。这也是世界上第一个小天文望远镜。伽利略制造好了望远镜以后，几乎每天晚上都用望远镜去观看月亮。伽利略发现月球并不是一片平坦的，上面不但有高山、深谷，甚至还有火山裂痕。除了月球以外，这个天文望远镜还给伽利略带来了更加神秘的星空，他看到了宇宙，看到了银河，看到了很多别人看不到的真相。

伽利略发现，银河是由许多小星星汇集而成的，太阳里面有黑斑，黑斑的位置在不断地变化。伽利略认为太阳也在自转。伽利略通过自己的观察和大量的实验，以无可辩驳的事实，证明了地球在围着太阳转，从而证明了哥白尼学说的正确。

1610 年，伽利略出版了著名的《星空使者》，这也是为什么他被后人称为新宇宙发现者的原因。

学科直通车

伽利略是意大利物理学家、天文学家和哲学家，近代实验科学的先驱者。伽利略一生有很多重大的研究成就，重要的成就有改进望远镜和其所带来的天文观测，以及支持哥白尼的日心说。当时的人们称赞伽利略说："哥伦布发现了新大陆，伽利略发现了新宇宙。"史蒂芬·霍金说："自然科学的诞生要归功于伽利略，他这方面的功劳大概无人能及。"

伽利略

知识小卡片

伽利略是一个伟大的科学家，让我们看看这位伟大科学家的至理名言吧。

"追求科学，需要有特殊的勇敢，思考是人类最大的快乐。"

"真理不在蒙满灰尘的权威著作中，而是在宇宙、自然界这部伟大的无字书中。"

"世界是一本以数学语言写成的书。"

"一切推理都必须从观察与实验中得来。"

第二节
奥托·冯·格里克

我们都知道大气压是通过马德堡半球实验证明其存在的，那么你知道做这项实验的人是谁吗？

这个人的名字不太好记，也许不喜欢物理的人甚至都没听说过，但是这个人在物理学上的地位可不低，马德堡半球实验就是由他所主持，这个人的名字叫奥托·冯·格里克。

奥托·冯·格里克的社会地位很高，他不仅是科学家、数学家、物理学家，他还是当时马德堡市的市长，据说政绩相当优秀，是为当地人谋福利的代表。事实上，他最感兴趣的还是他一生热爱的自然科学。

奥托·冯·格里克当了市长后，工作非常忙，但只要有时间他就会和自己的小实验聚在一起。他在真空领域的研究在当时是位于世界前列的，他发明的抽真空机，更是让他在真空、大气压强领域取得了远超其他科学家的成就。也正是因为有了这个抽真空机的发明，才让格里克有了机会去完成那个著名的马德堡半球实验。

格里克生活的年代，虽然人们已经有了一定的近代自然科学知识，但他们仍然对格里克描述的强大的大气压力将信将疑，甚至有人公开说他在吹牛。

大气压强是什么？那时候的人们很难明白这东西，看不见摸不着，一定要用一个直观的实验将大气压强表现出来才行。于是格里克找了个时间，在准备充分的情况下，开始了自己的一次大气压强表演，这就是著名的马德堡半球实验。之所以叫半球实验，是因为这次实验的主角是两个直径超过1米，异常坚固，边缘也非常平滑的空心的铜制半球。

格里克在这两个黄铜的半球壳中间垫上了橡皮圈——这是为了保证真空的形成，防止有空气漏进去，最后用抽气机将球内的空气完全

马德堡半球实验

抽干净，两个半球合并在了一起，就像一个完整的球一样。

格里克让自己的助手从马车行里特地挑选来了16匹壮马，平均分成两组，每组套上一组绳子，然后将绳子两头分别绑在铜球的两边。让两组马分别往相反的方向疾驰，结果马匹与铜球之间的绳索绷紧、绷紧、再绷紧，绳子已经绷不住发出了咯吱咯吱的响声，而铜球却如同铸死一般，始终紧密接合，纹丝不动，直到16匹马大汗淋漓，四腿乱颤，依然如故。所有来围观的人们都被这一幕惊呆了，他们终于接受了大气压强的学说。

格里克胜利了，他成功地向人们展示了科学的伟力，赢得了人们的尊敬。后来人们称这两个金属半球为"马德堡半球"。

学科直通车

1647年，格里克制造了一个空吸泵，空吸泵由一个圆筒和活塞组成，圆筒上带有两个阀门盖。格里克想用这个装置抽出密封啤酒桶中的水从而得到真空。可是，当他用这个装置抽出木质啤酒桶中的水时，听见了笛声噪音，这说明空气进入了啤酒桶。格里克又把啤酒桶放在一个大的盛水容器中密封起来重新进行实验。当他把啤酒桶中的水抽出来时，大容器中的水又渗进了啤酒桶。

为了解决渗漏问题，格里克让人做了一个底部带孔的空心铜球进行实验，当他让工人从球中抽出空气时，铜球随即塌瘪了。为了获得真空，格里克坚持研究，最后终于发明了真空泵，用真空泵做实验他成功获得了真空。格里克做了许多关于真空的实验：他把钟放到真空中，发现听不到钟的声音；把火焰放在真空中，发现火熄灭了；把鸟和鱼放在真空中，发现它们都会很快死去；把葡萄放在真空中发现能够存放较长的时间等。

格里克在实验过程中发现，无论抽气口放在铜球的哪个位置，抽气过程中，容器中的残留空气都分布于铜球的整个内部空间。由这一现象他发现了空气具有弹性。从这个重要结果出发，格里克研究空气密度随高度的变化而变化，并得出结论：空气密度随高度增加而减小，由此他推断大气层以外的空间是真空的。

延伸阅读

奥托·冯·格里克（1602—1686），德国物理学家、政治家，出生于马德堡贵族家庭，就读于莱布尼兹和莱顿大学。他曾在军队中以工程师身份服役，曾于1646—1676年间任马德堡市市长。任职期间，他一方面从政，一方面从事自然科学的研究。格里克于1650年发明了活塞式真空泵，并利用这一发明于1657年设计并进行了著名的马德堡半球实验，展示了大气压的大小并推翻了之前亚里士多德提出的"自然界厌恶真空"的假说。

奥托·冯·格里克

1681年，格里克宣布退休，此后移居汉堡安度晚年，直到1686年5月11日去世。

第三节
赫兹

这又是一个名字和单位相同的人，我们说到赫兹马上就会想到频率，这个用自己的名字为频率命名的人是谁呢？他就是德国著名的物理学家赫兹。赫兹还是向世界推广麦克斯韦的理论并使其得到世界公认的科学家。

1880年3月，赫兹获得了柏林大学博士学位，随后在亥姆霍兹研究所做了两年半助手。麦克斯韦发表了自己的电磁场理论，麦克斯韦的电磁场理论认为：我们已经知道在变化的磁场中会产生电场，在这个变化的磁场中间放上一个闭合的电路，这个电路就能够产生感应电流，也就是现代科学界公认的电磁感应现象。

麦克斯韦认为电路里能产生感应电流，是因为磁场在变化的过程中产生了一个电场，这就形成了最早的关于"场"的观点。麦克斯韦认为正是这个电场驱动导体中的自由电荷做定向的移动，所以才会发生电磁感应现象。麦克斯韦还把这种用"场"来描述电磁感应现象的观点，推广到不存在闭合电路的情形。他认为，在变化的磁场周围产生电场，是一种普遍存在的现象，跟闭合电路是否存在无关。

同时麦克斯韦还在思考，如果变化的磁场可以产生电场，那么是不是意味着变化的电场，也有可能形成磁场呢？一个静止的电荷，它产生的是静电场，即空间各点的电场强度将随着时间的变化而变化。运动的电荷在空间产生磁场。用场的观点来分析这个问题，就可以说：这个磁场是由变化的电场产生的。例如在电容器充、放电的时候，不仅导体中的电流产生磁场，而且在电容器两极板间周期性变化着的电场也产生磁场。

变化的磁场产生电场，变化的电场产生磁场，这是麦克斯韦理论的两大支柱。按照这个理论，变化的电场和磁场总是相互联系的，形成一个不可分离的统一的场，这就是电磁场。电场和磁场只是这个统一的电磁场的两种具体表现。

令人感到遗憾的是，麦克斯韦的这个理论并没有得到当时社会的承认。后来亥姆霍兹以"用实验建立电磁力和绝缘体介质极化的关系"为题，设置了柏林科学院奖金，试图找到能够用实验证明麦克斯韦的理论的人。赫兹积极响应了这次活动，为了证明这一个理论，他在自己的实验室里开展了没日没夜的研究。赫兹收集了当时世界上绝大部分关于电磁波的理论观点，并且分别在自己的实验室中加以验证，为了研究一个电火花现象，他自己设计了一个电磁波发生器，以方便进行大量的实验论证工作。

赫兹的电磁波发生器除了人工制造电火花，并且可以观察到电火花产生从一个球跳到另一个球的现象，这就完成了麦克斯韦理论的第一个验证，那就是电流是循环不止的，而那些在金属球之间产生的高频电火花便是电磁波。

紧接着赫兹又开始研究验证将电磁波送到空间去的方法，他设计出了一个电波环，想要捕捉电波，然后再将这些电波送到空间中。当时电池还没有被发明出来，主流科学界都是用莱顿瓶来储存微量的电力，赫兹利用这些辐射的电磁波，只要小金属球之间产生火花，就表明电磁波被收到了。

赫兹按照麦克斯韦的理论果然取得了成功，他将电波环放在了离莱顿瓶 10 米远的地方，却成功接收到了电辐射，铜丝线圈两端的铜球上产生了电火花。

1887 年赫兹信心满满地完成了自己的论文《论在绝缘体中电过程引起的感应现象》，在这篇论文里，他记录了自己所有的研究实验以及实验结果，用实验数据建立了对麦克斯韦电磁场理论的支持，让全世界认识到了电磁场这一伟大的发现。

赫兹因此获得了柏林科学院的科学奖，并且有条件专门投入到电磁波的研究中。

擅长实验的赫兹测算出了电磁波的传播速度，确定了电磁波的折射、反射、偏振等性质，最后判定电磁波与光的性质非常接近，不但速度赶得上光速，而且也具有折射、反射和偏振等物理性质。

学科直通车

赫兹是一个物理学中的常用单位，主要是用来记录单位时间内某事件重复发生的次数，它的单位以德国物理学家赫兹的名字命名，通常以符号 f 或 v 表示。采用国际单位制，单位为赫兹（英语：Hertz，简写为 Hz）。

为了方便起见，较长较慢的波，像海洋表面的面波，通常以周期来描述其波动性质。较短较快的波，像声波和无线电波，通常是以频率来描述其波动性质。

1 赫兹（Hz）表示事件每一秒发生一次。

其他用来表示频率的单位还有：旋转机械器材领域采用的传统衡量单位为每分钟转数等。

医学中，心率以"次每分钟"为单位。

延伸阅读

赫兹（1857—1894），德国物理学家，1888年用实验证实了电磁波的存在。麦克斯韦根据他的方程组预测首先预测了电磁辐射，赫兹而后用实验证实。为了纪念这位年轻的科学家为人类做出的贡献，人们以他的名字来命名"赫兹矢量""赫兹波""赫兹函数"等物理学概念，并以"赫兹"作为频率的单位。

赫兹

第四节
富兰克林

本杰明·富兰克林是美国独立战争史上唯一一个能和华盛顿齐名的人。也许你知道他雷雨天放风筝的疯狂事迹，也许你知道他是一个享有国际声誉的科学家和发明家，但你不一定知道他还是一个伟大的政治家、外交家，他在独立战争中发挥了自己的政治魅力，为美国独立贡献了一份巨大的力量。

富兰克林在科学领域的贡献非常多，他借用数学上正负的概念，第一个科学地用正电、负电概念表示电荷性质，并提出了电荷不能创生，也不能消灭的思想，后人在此基础上发现了电荷守恒定律。他最先提出了避雷针的设想，制造出的避雷针，由此还引出了前文我们所说的英国避雷针的笑话。

1746 年，年轻的富兰克林在波士顿观看了一个英国学者的电学实验。当时都是使用莱顿瓶进行发电和发电表演，虽然技术还很不成熟，但是依然吸引了富兰克林。随后富兰克林开始了对电学的研究。他进行了大量与电学有关的研究实验，研究了两种电荷的性能，说明了电的来源和在物质中存在的现象。那时候的人们对自然现象都有畏惧心理，他们认为雷电是上帝的怒火，学术界则认为雷电是气体爆炸。

富兰克林在家里做实验，有一次，他的妻子丽德不小心碰到了莱顿瓶，一团电火闪过，面色惨白的妻子被击倒在地，卧床休息了一个星期才恢复健康。虽然这只是实验中的一起意外事件，而富兰克林凭借自己敏锐的观察力和想象力判断雷电是一种放电现象，于是进行了自己的风筝实验。

富兰克林的风筝实验

1752 年 6 月，富兰克林和他的儿子威廉在乌云密布、电闪雷鸣的恶劣天气中，带着一个装有金属杆的风筝来到一个比较空旷的地方。富兰克林高举起风筝，威廉则拉着风筝线飞跑。风筝很快就被放上高空。不一会儿，雷电交加，大雨倾盆，一道闪电从风筝上掠过，富兰克林赶紧用手靠近风筝上的铁丝，手上立即感觉到麻木的感觉。富兰克林兴奋地大声呼喊："威廉，我被电击了！"富兰克林赶紧将风筝线上的电引入莱顿瓶，此后，富兰克林用这个莱顿瓶中的雷电做了很多实验，最后成功地证明了天上的雷电与人工摩擦产生的电具有完全相同的性质。

富兰克林关于雷电的研究被翻译成了多种语言送到世界各个角落，这是富兰克林第一次名震世界，连英国皇家学会也为富兰克林送来了金质奖章，并且聘请他担任皇家学会的会员。

面对众多荣誉和胜利，富兰克林虽然觉得很高兴，但他并不是那么沉迷，他依然埋头于自己的电学研究。

这个时候发生了一起意外事件，一个没有富兰克林那么好运气的科学家，为了验证富兰克林的实验，也在雷雨天跑出去放风筝，结果这位同样有冒险精神的伟大科学家不幸被雷电击死。

富兰克林没有想到会有人因为重复自己的实验而遭遇不幸，为了避免让人民再受到雷电的伤害，所以他发明了避雷针。

1754 年，避雷针开始应用到实际生活中，当时的宗教人士认为这东西看上去很古怪，是个不祥的东西，就在夜里偷偷地把避雷针拆了。拆了避雷针的大教堂不久就和全城一起迎来了一场雷雨，所有装了避雷针的高层建筑都安然无恙，唯独是以上帝之名拆了避雷针的大教堂被雷电击了个正着，大教堂着火了。

于是在这场灾难之后人们对于避雷针的作用开始深信不疑，全世界都推广起避雷针的技术。

 **学科直通车**

富兰克林对科学的贡献并不仅仅局限于电学方面，事实上，他的研究范围极其广泛。

在数学方面，他创造了 8 次和 16 次幻方，这两种幻方性质特殊，变化复杂，至今尚为学者称道。

在热学中，他改良了取暖的炉子，这种炉子可以节省四分之三的燃料，被称为"富兰克林炉"。

富兰克林

在光学方面，他发明了老年人用的双焦距眼镜，戴上这种眼镜后既可以看清近处的东西，又可以看清远处的东西。他和剑桥大学的哈特莱共同利用醚的蒸发得到 −25℃ 的低温，创造了蒸发制冷的理论。

此外，富兰克林对气象、地质、声学及海洋航行等方面也有研究，并取得了不少成就。他发明了摇椅、避雷针；对路灯进行了改进；发现了墨西哥湾的海流；他还最先绘制暴风雨推移图并发现了人们呼出的气体有害；最先科学地解释了北极光现象。

延伸阅读

富兰克林的政治生涯

著名的电学家富兰克林是《独立宣言》的起草者之一。这个积极主张废除奴隶制度的优秀政治家，他深受美国人民的崇敬，他的政治主张，他的科学发明，都让他在世界上享有极高的声誉。

1706 年本杰明·富兰克林出生在北美洲的波士顿,这个英国漆匠的儿子当时已经有了七个兄弟姐妹,家里的孩子实在太多,以至于这个成绩优异的小家伙没有办法去读书,刚刚 10 岁的他就回到了家里帮父亲制造蜡烛和肥皂。

按照现在的说法,富兰克林基本上可以算是一个文盲,他读书的时间太短,直到进入哥哥詹姆士经营的小印刷所当学徒,他才有机会进行学习。十年的印刷工人生涯中,他默默无闻但是却在厚积薄发。无论是自然科学还是技术方面的通俗读物,甚至于著名科学家的论文,只要是他能找到的作品,都能让他读得废寝忘食,他的伙食费全都用在了买书上。工作之便,他结识了几家书店的学徒,于是富兰克林请书店学徒帮忙将书店的书在晚间偷偷地借来,通宵达旦地阅读,第二天清晨再将书归还给书店。

后来,美国笼罩在残暴的英国殖民者的阴影中,整个北美已经开始在酝酿一场战争,殖民地的民族解放运动日益高涨。

尽管热爱着科学和实验,富兰克林还是勇敢地放下了实验器具,拿起了武器走在斗争的最前列。

这个外交能力一流的革命老战士,多次代表北美殖民地和英国人谈判。一直到他 70 岁还远涉重洋去为北美独立战争寻求欧洲人民的支持。独立战争爆发后,他参与起草了《独立宣言》。独立战争后,他又积极参与了制定美国宪法的工作,并组织了反对奴役黑人的运动。

这个伟大的老战士在 1790 年去世,他走的那一天,整个费城的人民都来参加他的葬礼,两万多人主动为他服丧一个月以示哀悼,以纪念这位伟大的革命家和科学家。

第五节
贝尔

谁是贝尔？如果你用过电话，就应该记住这个名字，贝尔就是美国的电话大王，他是电话的专利拥有人，是贝尔公司的创立者，他被誉为世界电话之父。

当时贝尔也做一些实验和发明，但主要方向是听力测量。当时的德国人菲利普·雷斯已经发明了世界上第一台电话机，可惜这个发明只有基本的形，却无法投入到实用，传声效果非常糟糕。

贝尔一开始并没有想过要去颠覆或者改进雷斯的发明，但是他在一次偶然的实验中，发现了一个实验线圈会在导通和截断电波的刹那发出声音。

电话

贝尔经过多次实验确认了这不是偶然现象，于是他开始设想，是不是能利用这个规律让电流的变化与声波的变化一样，那么要传出声音就不是不可能的事情。

有了这个想法后，贝尔立即展开了自己的实验，他已经知道了声音是因为声波而传递的，也知道如果对着薄金属片说话，薄金属片就会随着声音而颤动。贝尔试图利用这种颤动来控制电磁开关，让电磁开关连续地开和关，进而实现一个有规律的脉冲信号。

但是，声音的频率太高了，电磁捕捉不到声音的频率。贝尔并没有气馁，他开始努力学习电学知识，继续自己的电话研究。这个时候贝尔偶然认识了一个叫沃特森的电气技师。这是贝尔遇到的电学界的专家里面，唯一一个认同自己想法的人，这个专家还决定用自己的知识配合贝尔，合作完成这个关于电话的项目。

终于在无数的实验之后，机会眷顾了这两个苦心人，贝尔终于和沃特森一起发现了电话的关键。

原来人声振动在对话筒的膜片起作用时，会带动底部的 U 形磁铁形成的磁场发生有规律的变动，这个振动能够促使缠在磁铁上的线圈产生感应电流，于是也就产生了相应的波动，波动通过电线传导到了另一端，电流传声也就实现了。

1875 年 6 月 2 日，这一天终于到了，对贝尔和沃特森来说，那一天是个别具意义的日子，其实，这一天也是世界人民的福音日。

这天早晨，贝尔与沃特森来到各自的房间，沃特森开始通过电话向贝尔发信号。贝尔则不停地调整听筒的振动膜，忽然听到话筒发出了一些异样的声音。经过仔细的辨别之后，贝尔确定这就是沃特森发出来的讯号，贝尔高兴极了，他急匆匆地跑到沃特森的房间，让他将前面的一切多重复几遍，贝尔想要确定这不是一种偶然现象。经过多次证实之后，他们发现这种讯号的传播是稳定的。电流传递声音最终成为现实。

申请了专利之后，贝尔的电话公司马上成立了，电话机当年就售出去了数千台。其他发明家也纷纷来找贝尔，用自己的送话机和麦克风为电话机的改良添砖加瓦，电话变得越来越具有实用价值。

随后越来越多的科学家都加入到电话改良的工作中来，1877 年爱迪生发明了碳粒话筒，电话的送话质量得到了质的提高。1878 年休兹发明了更灵敏的送话机，声音更加清晰了。这一切都让电话走向了世界，走向了所有的角落。

　　发展到现在，电话机已经快要慢慢退出历史舞台了，但是在它的基础上发明的通信工具越来越多，人们因为贝尔的坚持而走入了即时通讯时代。

　　为了纪念这位伟大的发明家，人们就用他的名字来命名声学计量功率等级的单位。我们经常听到的声音单位分贝，就是贝尔的十分之一，这是声强的等级单位，也是声压的等级单位。

学科直通车

　　贝尔（1847—1922），美国发明家和企业家。他获得了世界上第一台可用电话机的专利权，创建了贝尔电话公司，贝尔开拓了即时通讯这一无人攻克的难题，正是从贝尔开始，世界逐渐被连接在一起。贝尔一生在通讯和声学上贡献十分突出，他获得了世界上第一台电话机的专利权，他制造了助听器；他改进了爱迪生发明的留声机；甚至他对聋哑语也做出了巨大的贡献。

贝尔

发明神童贝尔

贝尔从小就喜欢帮助别人，他的创造往往都来源于他的善良。当他还小的时候，发现他家附近的水磨坊里头住着一对父子。本来这对父子好好的，重活都可以交给强壮的儿子来处理，但是战争爆发后，年轻人应征入伍，只剩下一个老人要去做那些重活。

磨盘

如果碰到水不够的时候，老人没有办法磨粉，做不了生意，也就只能饿着肚子。

贝尔很同情这个老人，就叫上了自己的伙伴去帮助这个老人，但是没有水的时候要想磨粉真的太累了，就算这么多孩子一起加油，要推动那个石磨也很困难。刚开始的新鲜感过去以后，很多小朋友就不愿意去了，只剩下贝尔一个人，也帮不上什么忙。

贝尔是个聪明人，他坚持要做的事情就一定要做到。

回到家里，贝尔思考着，有没有什么方法能够让石磨轻松地被推动呢？他坐在父亲的书房里研究了一个多月，一个想法在他的脑子里成型了。贝尔想到可以改造一下那个臼齿减少摩擦力，这样就能够利用麦粒的圆形，使双方互相挨着，臼齿能够灵活地转动，石磨就不那么难推了。改造后的石磨成了当时主流的石磨，贝尔也成了村民心中的小神童。

第六节
奥斯特

奥斯特是丹麦物理学家、化学家。出生于丹麦朗格兰岛上的一个小镇的药剂师家庭。他的父亲索伦·奥斯特是一位药剂师，在小镇里开了一个药局。

奥斯特

小镇的条件很不好，连学校都没有，小小的奥斯特和弟弟只能跟着镇上教育水平较高的长辈学习各种各样的知识。然而，即使学习条件这样糟糕，奥斯特与弟弟也没有放弃学习的机会，他们学习很刻苦，最终以优异的成绩通过了哥本哈根大学的入学考试。毕业后，奥斯特成为大学讲师，同时，他还在一位医学院教授的药局做配药师。

1801年，奥斯特获得一笔奖学金，这笔钱足够他游学三年。奥斯特在德国游学的时候，幸运地遇到了优秀的物理学家约翰·芮特，他们两人相谈甚欢，很快成了莫逆之交。在芮特的影响下，奥斯特开始朝电场与磁场方向学习发展。通过自己的研究和理论知识的支撑，奥斯特坚信电和磁之间一定有某种关系，电一定可以转化为磁。

但是，奥斯特遇到了困难，他一时之间找不到实现这种转化的条件。为此，奥斯特花费了很多时间和精力。为了尽快解决这个问题，奥斯特每天都要查阅大量的文字资料。有一天，奥斯特仔细地审查了库仑的论断，发现库仑研究的对象全是静电和静磁，确实不可能转化。

他猜测，非静电、非静磁可能是转化的条件，应该把注意力集中到电流和磁体有没有相互作用上来进行探索。

1819 年上半年到 1820 年下半年这段时间，奥斯特一直在研究电、磁关系。1820 年 4 月，在经历了无数次的失败后，奥斯特抱着试试看的心情又做了一次实验。这一次实验是在教室里面做的，当时他正在给学生们上课，他把一条非常细的铂导线放在一根用玻璃罩罩着的小磁针上方，接通电源的瞬间，发现磁针跳动了一下。奥斯特喜出望外，因为情绪太过激动，一向稳重的奥斯特竟然在讲台上摔了一跤。此后，奥斯特花了 3 个月，做了许多次实验，发现磁针在电流周围都会偏转。

奥斯特认为在通电导线的周围，发生一种"电流冲击"。这种冲击只能作用在磁性粒子上，对非磁性物体是可以穿过的。磁性物质或磁性粒子受到这些冲击时，阻碍它穿过，于是就被带动，发生了偏转。导线放在磁针的下面，小磁针就向相反方向偏转；如果导线水平地沿东西方向放置，这时不论将导线放在磁针的上面还是下面，磁针始终保持静止。他认为电流冲击是沿着以导线为轴线的螺旋线方向传播，螺纹方向与轴线保持垂直。这就是形象的横向效应的描述。

奥斯特对磁效应的解释，虽然不完全正确，但这些都不影响这一实验的重大意义，它证明了电和磁能相互转化，这为电磁学的发展打下基础。奥斯特研究抗磁体的方法具有很深的影响。

电流磁效应，是科学史上的重大发现，奥斯特发现了之后，立即引起了那些懂得它的重要性和价值的科学家们的关注。随着这一重大发现而来的是一系列的新发现。

在此后不到两个月的时间里，安培又发现了电流间的相互作用，阿拉果成功制成了世界上第一个电磁铁，施魏格发明了电流计等。

安培曾写道："奥斯特先生……已经永远把他的名字和一个新纪元联系在一起了。"的确，奥斯特的伟大发现揭开了物理学史上的一个新纪元。

学科直通车

人们很早就开始讨论电现象与磁现象的相似性，寻找电与磁之间的联系一直是不少人研究的课题，但几十年过去了，一直没有取得什么进展。

为什么发现电磁现象之间的联系这个机会偏偏降落在丹麦物理学家奥斯特的身上呢？这其中既有客观方面的原因，也有奥斯特主观方面的原因。从客观方面来说，电流，特别是电池的发现，激发了人们研究电现象与化学现象、磁现象之间联系的兴趣，同时也为发现这种联系提供了可能性。从主观方面来看，寻找电与磁的内在联系正是奥斯特从事科学研究的长远目标。

1812 年奥斯特作了这方面的探索，他从导线通电后发热的现象出发，进一步推测如果逐渐缩小导线的直径，将会出现光和磁的效果。结果，他只看到了光的效果而未获得磁的效果，实验失败说明此路是不通的。

1820 年的某一天，奥斯特突然猜想以前的实验总是把电流的磁力想成是纵向力，这是否就是实验一直失败的原因？或者电流对磁针的作用力其实是横向的？奥斯特在心里这样想着，在一次讲课后，他立即把磁针与导线平行地放置在导线的下方，接通电源的一瞬间，小磁针发生了神奇的一跳。高兴坏了的奥斯特紧接着进行了 3 个月的实验研究，最终于 1820 年将实验研究的成果以题为《关于电流对磁针的作用的实验》的论文发表出来。论文仅用了 4 页纸。法国的《化学与物理学年鉴》破例给予了全文发表。后来，论文的题目改为《关于电冲撞对磁针作用的实验》，即后来通用的题目。

延伸阅读

奥斯特是一位热情洋溢、重视科研和实验的教师，深受学生欢迎。同时，他还是一位卓越的演讲家和自然科学工作者。他于 1824 年倡议成立丹麦科学促进协会，创建了丹麦第一个物理实验室。1908 年丹麦自然科学促进协会建立"奥斯特奖章"，用以表彰做出重大贡献的物理学家。奥斯特的功绩受到了学术界的公认，为了纪念他，国际上从 1934 年起将磁场强度的单位命名为奥斯特，简称"奥"。奥斯特不仅在物理学领域有着出色的表现，在其他领域，他也广泛涉猎：他曾经对化学亲合力等作了研究。1822 年他精密地测定了水的压缩系数值，论证了水的可压缩性。1823 年他还对温差电现象做出了成功的研究。他对库仑扭秤也作了一些重要的改进。

第七节
泰勒斯

公元前 7 世纪和公元前 6 世纪之间诞生了一个伟大的哲学家、数学家和天文学家，这个出生于小亚细亚的米利都城的孩子出身还

算显赫，他是一个奴隶主贵族家庭的孩子，但是和其他兄弟们不同，他并不热衷于对显赫的地位、富足的生活的追求，相反，他把身心都投入到了哲学和天文学的研究之中，并最终成为一位科学泰斗。

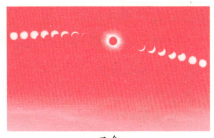

日食

这个当时科学界的泰斗就是古希腊哲学家泰勒斯，他在当时主流的自然科学领域，包括天文学、数学、哲学等都做出了自己的伟大贡献，最厉害的是他甚至还准确地预言了当时被世人所畏惧的日全食。

当时的世界到处都在发生战乱，泰勒斯的国家也不例外。当时的吕底亚王国与西北部的米底王国发生了重大的矛盾，两国连年征战，正在展开一场生死搏斗，这场战争已经持续了整整5年，但是双方依然没有分出胜负来。我们都知道，战争会给国家和人民带来重大的损失和伤害，可想而知，这场持续了5年还没有结束的战争给当时的人们带来了多少痛苦和灾难。

看着老百姓被旷日持久的战争折磨得家破人亡、苦不堪言，泰勒斯这位贵族出身的科学家心里很是着急，他决定凭借自己的智慧拯救黎民于水火之中。

经过缜密的观测与推算，泰勒斯认定公元前585年5月28日这天两国交战的哈吕斯河一带会出现日全食的天象奇观。聪明的泰勒斯便到处散布流言，跟人们说如果天空出现日食，那一定是上天在警示人间，不要发生战乱。

虽然人们都很拥戴这位心怀贫民的贵族科学家，但是却也没几个人真的相信泰勒斯的话，但因为是泰勒斯说的，人们还是凭着感情将流言散播了出去。

很快，时间就到了公元前585年5月28日这一天。两国的军队依然在哈吕斯河一带激烈地战斗着。突然之间，天空变得暗沉起来，仿佛一瞬间失去了所有光芒一样，不一会儿，刚才还明晃晃的太阳一下子就消失了，大地陷入一片黑暗之中。就在这时候，人们仿佛想起了泰勒斯说的那些话，眼看着现在出现了日食，人们都恐慌了，战斗着的士兵们也都停了下来，大家都陷入了对惹怒上天的恐慌之中，不知道该怎么办。

就这样，持续了多年的战争终于结束了，两国化干戈为玉帛，重归于好，并且以联姻的方式巩固了和平成果。从此，泰勒斯声名鹊起，受到人们的景仰和爱戴，被称为不朽的科学家。

可是，当时完全没有现代科学技术条件，泰勒斯究竟是怎样准确预测这次日食的呢?

事实上泰勒斯的秘密在于迦勒底人的沙罗周期，这是一个古老的天文历记录，在这个天文历里面很容易找到日、月和地球的运行规律，那么加上精密的计算，自然就能找到日全食发生的规律。

学科直通车

泰勒斯测量金字塔

举世闻名的金字塔有着种种神奇的传说，金字塔一直披着一层神秘的面纱。今天我们就来讲述一个关于金字塔的可以解释的事情吧。

你知道怎样计算金字塔的高度吗? 不知道也没关系，我们一起去看看泰勒斯是怎样测量的吧。

泰勒斯生活的年代，埃及的大金字塔已建成1000多年，但它的确切高度一直是个未解之谜。人们试过很多种方法，试图测量出金字塔的高度，但是，都失败了。

人们都听闻过泰勒斯聪明过人，没有什么事情能够难倒他，于是大家就去请泰勒斯想办法测量金字塔的高度。

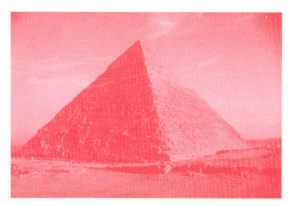

金字塔

乐于助人的泰勒斯欣然答应了人们的请求，泰勒斯对大家说，要想测量出金字塔的高度，必须要在有太阳的晴天测量。泰勒斯还要求法老到现场观看，很想知道金字塔高度的法老欣然应允。

泰勒斯测量金字塔这一天，天气很好，阳光明媚，万里无云。金字塔周围站了很多前来观看的人，法老也来了。

泰勒斯在法老的首肯下，当着众人的面开始计算金字塔的高度。他站在金字塔前的空地上，影子投在地面。隔一段时间，泰勒斯就让人测量一下自己的影子有多长。这样重复了很多次之后，终于等到了影子与自己的身高一样长的时候。这时候泰勒斯赶紧命人在金字塔的影子处做上记号，随后命人拿着尺子去测量金字塔底部到投影标记的距离，就这样，泰勒斯不费吹灰之力就测量出了金字塔确切的高度。

泰勒斯测量金字塔高度的方法对我们现代人来说很简单，就是相似三角形定理，但是在那个时候拥有这样的智慧，确实是一件了不起的事情。

延伸阅读

　　"水生万物，万物复归于水。"

　　这句话听起来像是中国人说的，但这其实是泰勒斯的核心哲学观点。这和"上善若水"有异曲同工之妙。

　　泰勒斯很喜欢观察洪水并总结心得，他亲自查看水退后的现象，发现洪水退后留下了肥沃的淤泥，淤泥里还有无数微小的胚芽和幼虫。泰勒斯认为这和埃及人神造宇宙的神话有共通之处，因为确认水是世界初始的基本元素。

泰勒斯